KB268321

나는 천천히 가는 사람입니다

나는 천천히 가는 사람입니다. 그러나 절대 뒤로는 가지 않습니다.

- 에이브러햄 링컨

나는
천천히 가는 사람
입니다

김이율 지음

느 리 지 만   행 복 한   삶 을   위 한   3 5 가 지   질 문

루이앤휴잇

Go This Way ➡

시간은 충분하다. 따라서 목표와 방향만 확실하다면 누구나 자신이 원하는 목적지에 반드시 도달할 수 있다. 중요한 건 목표를 잊지 않고 늘 가슴속에 간직하면서 실천하는 것이다.

누군가의 말마따나, 삶은 오르막이 있고 내리막이 있는 낯선 길을 걷는 것과도 같다. 누구나 그 길 위에서 수없이 넘어지고 깨진다. 그때마다 우리가 해야 할 일은 다시 일어나서 열심히 달리는 것이다. 한 걸음 한 걸음씩 삶의 목표를 향해 천천히 걸어가라. 힘들면 잠시 멈춰 쉬었다 가도 좋다.

삶은 속도가 아니라 방향이다.

나는 다만, 조금 느릴 뿐이다

목적 없이 달리고 있지는 않은가?

삶에 있어 속도는 매우 중요하다. 목표를 향해 남보다 더 빨리 움직이고, 더 빨리 도착한다는 건 그만큼 앞서간다는 뜻이기 때문이다. 또 남보다 더 많이 성취한다는 건 그만큼 부유하다는 증거이다. 하지만 삶의 성공과 행복이 반드시 속도만으로 이루어진 것은 아니다. 도착점이 자신이 가고자 했던 최종 목적지라면 상관없지만, 그저 경쟁에 취한 나머지 앞만 보고 달렸다면 아무리 빨리 도착한들 아무 소용이 없기 때문이다. 번개처럼 빠른 속도로 달려왔는데, 그것이 자신이 가고자 했던 목적지가 아니라면 그보다 더 큰 불행은 없을 것이다. 그런 점에서 삶의 핵심은 '속도'가 아닌 '방향'이라고 할 수 있다. 따라서 속도 이전에 '방향', 즉 '목적'이 선행되고 결정되어야만 한다.

미셸 오바마, 힐러리 클린턴의 멘토로 잘 알려져 있으며, 오드리 헵번과 함께 전 세계 여성들의 워너비로 유명한 티나 산티 플래허티는 그녀의 저서

《워너비 재키》에서 이렇게 말한 바 있다.

"어디로든 가고 싶다면 먼저 자신이 어디로 가고 싶은지부터 알아야 한다. 인생에서 바라는 걸 이루고 싶다면 자신이 뭘 하고 싶은지 가장 먼저 알아야 하기 때문이다."

여기, 한 사람이 있다. 그녀는 대학은 남보다 6년이나 늦게 갔고, 직장 역시 남보다 10년 이상 늦었다. 다른 사람 같으면 이를 만회해보겠다며 발버둥 칠 법도 하지만, 오히려 그녀는 서른이 넘은 나이에 직장에 사표를 내던지고 훌쩍 배낭여행을 떠났다. 보통 사람의 눈으로 보자면 도저히 이해할 수 없는 일이다. 하지만 지금 그녀는 대한민국에서 가장 성공한 인물 중 한 명으로 꼽히는 것은 물론 가장 닮고 싶은 인물로 꼽히고 있다. 그녀는 바로 바람의 딸 한비야다.

그녀는 비록 남보다 뒤처져 출발했지만, 절대 서두르지 않았다. 그저 가고자 하는 목표를 향해 뚜벅뚜벅 걸어갔을 뿐이다. 그래서일까. 그녀는 자신의 삶을 증거 삼아 "인생에서 너무 늦은 때란 없다." 라고 말한다.

이렇듯 그녀의 삶은 우리가 생각하는 삶의 속도와는 한참 거리가 있다. 아니, 어쩌면 속도를 거부하며 살아왔다고 할 수 있다.

그렇다. 중요한 건 속도가 아니라 방향이다. 따라서 제대로 된 삶을 살고 싶다면 지금 자신의 삶이 어디로 가고 있는지, 혹 자신의 의도와는 달리 잘못된 방향으로 가고 있는 것은 아닌지 유심히 살펴봐야 한다. 또 만일 그렇다면 그 원인은 무엇인지, 그걸 해결하기 위해서는 어떻게 해야 하는지 그 원인과 처방 역시 정확히 알아야만 한다.

방향없는 삶은 결코 전진할 수 없다

산양의 일종인 '스프링 벅'이라는 동물이 있다. 그들은 풀을 뜯어 먹으면서 평화로운 한때를 지내다가도 앞쪽에 있던 무리가 갑자기 앞을 향해 달리기 시작하면 무턱대고 뒤따라 달리는 습성이 있다. 문제는 뒤에 있던 양들이 워낙 거세게 몰아붙이기 때문에 앞서 달리던 양들이 멈추려야 멈출 수가 없다는 것이다. 오히려 더 빨리 달리기 위해서 계속해서 속도를 올린다. 그 결과, 낭떠러지를 만나도 멈추지 못한 채 그대로 떨어져서 생을 마감하는 비극적인 상황을 연출하곤 한다.

왜 이런 웃지 못할 상황이 발생하는 것일까? 속도감만 있고 방향과 목적의식이 없기 때문이다.

우리의 삶 역시 마찬가지다. 적지 않은 이들이 이리저리 흔들리는 삶에 지친 나머지 방향을 잃어버린 채 방황하곤 한다. 하지만 이 사실을 알아야 한다. 방황은 비극적인 상황을 연출할 뿐, 절대 우리를 목적지에 데려다줄 수 없다는 걸. 따라서 삶에 있어 방향과 목적의식을 찾는 것이야말로 가장 큰 가치이자 우리가 살아가는 이유라고 할 수 있다.

러시아의 문호 고골리가 쓴 단편소설 《외투》는 삶에 있어 목적이 사라지는 순간, 얼마나 허망하고 절망적인지를 극명하게 보여주고 있다.

땀을 삘삘 흘리며 열심히 일하는 노인을 향해 사람들이 물었다.

"왜 그렇게 열심히 일하는 것이오? 혹시 무슨 까닭이라도 있소?"

그러자 노인이 땀을 훔치며 말했다.

“꼭 이루고 싶은 소원이 있기 때문이오.”

그 소원이 뭔지 궁금해진 사람들은 다시 노인을 향해 물었다.

“그것이 도대체 무엇이오?”

그러자 노인은 이렇게 대답하였다.

“아주 고급스러운 외투를 갖는 것이라오.”

노인은 그 목표를 이루기 위해 누구보다도 더 열심히 땀 흘리며 일했다. 그 결과, 마침내 원하던 외투를 손에 넣을 수 있었지만, 집에 돌아오는 길에 그만 강도를 만나 외투를 빼앗기고 말았다. 급기야 절망에 빠진 노인은 시름시름 앓다가 결국 죽고 말았다.

‘그깟 외투 하나 때문에 죽다니!’

이렇게 생각하는 사람도 분명 있을 것이다. 그러나 그 노인에게 있어 그 외투는 삶의 목적이자 삶의 전부였다. 그러니 외투가 사라지는 순간, 살아야 하는 이유마저 사라지고 만 것이다.

이에 대해 작가 엘리자베스 스튜어트 펠프스는 이렇게 말했다.

“삶을 지배하는 거대한 힘 가운데 하나는 뚜렷한 목적을 갖는 것이다. 이에 하나의 목적을 달성하기 위한 삶을 살기 시작할 때 목소리와 옷차림, 외모와 동작 하나하나까지 변하게 마련이다.”

지금 가고 있는 그 길이 확실한가?

우리의 삶은 지금 순간에도 어딘가를 향해 분주하게 움직이고 있다. 그러나 목적이 없다면 지금의 시간은 무의미하다. 그러므로 삶의 목적과 방향이 아직 정해지지 않았다면 지금이라도 삶의 목적과 방향을 정해야만 한다.

종이 위에 그것을 적고 마음에 되새겨라. 목적이 정해지면 강렬한 욕망이 생기고, 이는 잠재된 능력의 발산으로 이어지게 된다. 나아가 난관에 부딪혔을 때도 쉽게 굴복하지 않게 된다.

이렇듯 삶의 목적은 삶의 좌표이자 나침반이 되어준다. 그 때문에 성공적인 삶을 살기 위해서는 반드시 삶의 나침반을 갖고 있어야만 한다.

경쟁에서 조금 뒤처져 있다고 해서 실망할 필요는 없다. 또 남보다 앞서 나간다고 해서 우쭐거릴 필요도 없다. 인생은 생각보다 길다. 무엇보다도 우리에겐 아직 살아갈 날이 많이 남아 있다. 그러니 지금부터라도 철저하게 계획을 세워 실천하고 열정적으로 뛴다면 이루지 못할 것이 없다. 그런 의미에서 지금 이 순간이야말로 우리 삶에서 가장 중요한 시간이다. 지금을 어떻게 사느냐에 따라 미래가 결정되기 때문이다.

이미 지나간 일에 너무 얽매이지 마라. 그것은 이미 흘러가 버린 과거다. 누구도 그것을 되돌릴 수 없다. 중요한 것은 지금 바로 이 순간이다.

우리는 오늘 우리의 생각이 데려다 놓은 곳에 존재하고 있다. 마찬가지로 우리는 내일 우리의 생각이 데려다 놓을 자리에 존재할 것이다.

지금 이 순간을 놓치지 말라
'나는 지금 이렇게 살고 있다'고

순간순간 자각하라.

한눈팔지 말고, 딴 생각하지 말고

남의 말에 속지 말고, 스스로 살피라

그리고 내 말에도 얽매이지 말고

그대의 길을 가라.

이 순간을 헛되이 보내지 말라

이런 순간들이 쌓여 한 생애를 이룬다.

너무 긴장하지 말라

너무 긴장하면 탄력을 잃게 되고

한결같이 꾸준히 나아가기도 어렵다

사는 일이 즐거워야 한다.

날마다 새롭게 시작하라

묵은 수렁에서 거듭거듭 털고 일어서라.

- 법정 스님 《살아 있는 것은 다 행복하라》 중에서

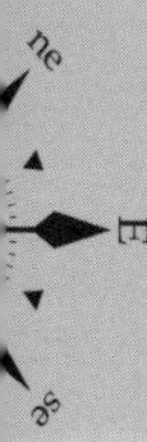

Part 2 넘어지는 걸 두려워하면 다시 일어설 수 없다

THINK MORE DEEPLY

THINK MORE DEEPLY

Part 4 우리는 오늘 우리의 생각이
데려다 놓은 자리에 존재한다

나는 천천히 가는 사람입니다

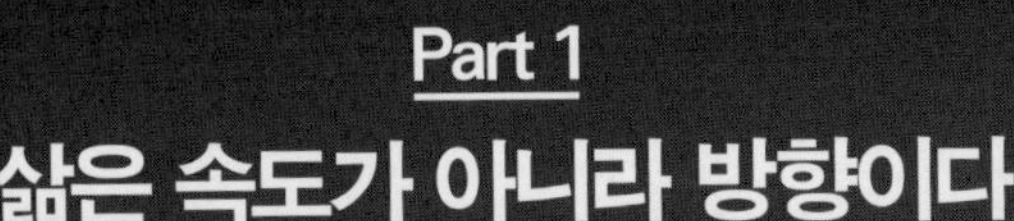

Part 1
삶은 속도가 아니라 방향이다

모든 사람들이 세상을 바꾸겠다고 생각하지만
어느 누구도 자기 자신을 바꿀 생각은 하지 않는다.

_레오 톨스토이

Question 01

삶의 방향이 확실히 정해졌는가?

모든 사람들이 세상을 바꾸겠다고 생각하지만
어느 누구도 자기 자신을 바꿀 생각은 하지 않는다.

_ 레오 톨스토이

지구 상에 존재하는 것 중 똑같은 것은 단 하나도 없다. 얼핏 비슷해 보일지는 모르지만 잘 살펴보면 적어도 하나는 다른 부분이 있게 마련이다. 예를 들면, 쌍둥이 역시 보기에는 똑같아 보여도 자세히 보면 분명 다른 구석이 있다.

그렇다. 존재하는 것은 모두 유일한 법이다. 우리 역시 마찬가지다. 물론 나와 비슷한 사람이 이 세상 어딘가에 존재할 수도 있다. 하지만 나와 똑같은 사람은 이 세상에 절대 존재하지 않는다. 따라서 내 생각, 내 인생, 내 열정, 내 미래는 오직 나만이 만들 수 있다. 나는 오직 나일뿐이기 때문이다. 그러므로 굳이 남을 따라 할 필요는 없다. 나 자체가 개성이며 하나의 표현이기 때문이다.

다른 사람이 만든 유행을 좇아가지 말고 나만의 유행을 만들어 가야 한다. 그것이야말로 우리 자신을 가장 돋보이게 하고 나다운 삶을 살게 하는 비결이기 때문이다. 물론 누구도 감히 흉내 낼 수 없는 나만의 무기를 만든다는 건 절대 쉬운 일이 아니다. 자신에 대한 믿음이 강해야 하며, 뼈를 깎는 부단한 노력도 뒤따라야 하기 때문이다. 하지만 그렇게 해서 이룬 성공은 절대 쉽게 무너지거나 흔들리지 않는다. 그러자면 지금 삶의 방향을 확실히 정해야 한다. 방향 없는 삶은 결코 전진할 수 없기 때문이다. 그렇다고 해서 너무 빨리 뭔가를 얻으려고 하거나 조급하게 생각해서는 안 된다. 빨리 가는 것보다 제대로 가는 것이 훨씬 더 중요하기 때문이다. 삶은 속도가 아니라 방향이다.

방향 없는 삶은 결코 전진할 수 없다

CEO가 꼽은 세계 최고의 CEO _ 잭 웰치

엄마의 한 마디에 힘입어 인생이 뒤바뀐 소년이 있다. 세계적인 그룹 GE의 최고 경영자를 지낸 잭 웰치가 바로 그다. 그는 뛰어난 경영 감각을 지닌 CEO는 물론 탁월한 언변으로 자기 생각을 대중에게 전달하는 명연설자로도 유명하다. 하지만 어린 시절의 그는 말을 심하게 더듬는 열등한 아이에 불과했다.

"어, 어, 어, 엄마! 나, 나, 나 배고파."

"그래, 알았다. 금방 준비할 테니, 조금만 기다리렴."

친구들이 노래를 부르고 조잘조잘 이야기를 나눌 때 그는 늘 한쪽 구석에서 입만 쭉 내민 채 서 있기 일쑤였다. 괜히 끼어들었다가 말더듬이라고 놀림당하는 게 싫었기 때문이다. 그래서 대부분 시간을 집에서 혼자 보냈다. 그러다 보니 성격도 점점 소극적으로 변했고, 친구들과 어울리는 것 역시 싫어하게 되었다.

엄마는 그런 아들이 너무도 안타까웠다.

"잭, 엄마가 책 좀 읽어줄까?"

"나, 나, 난 채, 채, 책 시, 시, 싫어."

"그럼, 엄마랑 장난감 갖고 놀래?"

"시, 시, 시, 싫어."

"넌 왜 너의 장점을 그렇게 부끄러워하니?"

갑작스러운 엄마의 말에 잭은 고개를 갸우뚱거렸다.

"잭, 엄마 말을 잘 들어보렴. 누구나 단점은 가지고 있단다. 중요한 건 그 단점에 끌려가서는 안 된다는 거야. 오히려 그것을 장점으로 만들어야 해. 네가 말을 할 때 더듬는 이유를 혹시 너는 알고 있니?"

"자, 자, 잘 모르겠는데요."

"네가 말을 더듬는 이유는 너의 말보다 생각의 속도가 더 빠르기 때문이야. 그만큼 네가 남보다 생각을 앞서 하고 있다는 증거란다. 알겠니? 그러니 앞으로는 절대로 말 더듬는 것 때문에 기죽거나 부끄러워하지 말렴."

잭은 엄마의 말을 다시 한 번 곰곰이 생각해보았다. 엄마의 말이 맞는 것 같았다.

'그래, 난 남들보다 생각이 앞서. 그래서 말이 내 생각을 따라오지 못

하는 거야.'

　그러자 가슴 한구석에서부터 왠지 모를 힘이 넘쳤다. 이에 엄마가 새로 사준 책을 소리 내어 읽기 시작했다. 비록 더듬거리고 어눌한 발음이었지만 최선을 다해 노력했다. 그리고 더는 집 안에서만 머물지 않고 밖으로 나갔고, 친구를 만나도 절대 숨거나 피하지 않았다. 오히려 지금까지와는 반대로 친구들과 어울리기 위해 먼저 적극적으로 다가갔다. 그 결과, 말을 더듬는 증세는 서서히 사라졌고, 모든 일에 열정적으로 덤벼들어 세계적인 기업의 CEO가 될 수 있었다.

목적 없이 달리고 있지는 않은가?

만일 당신이 자신의 인생 계획을만들지 않으면
다른 사람의인생 계획에 들어가게 될 것이다.

_짐 론

어떤 일을 이뤄가는 과정에서 목표의식이 흐려지게 되면 일의 진행이 그만큼 더디게 될 뿐만 아니라 큰 힘을 발휘하기도 힘들다. 공부나 다이어트 역시 마찬가지다. 남들 다하니까 나도 당연히 해야겠다는 생각으로 덤벼들었다가는 100% 실패하기에 십상이다.

뭔가를 이루기 위해서는 뚜렷한 목표의식과 함께 그것을 꼭 해야만 하는 이유가 확실해야 한다. 그래야만 성공할 확률이 높기 때문이다. 목표만 명확하다면, 동시에 그것이 정말 필요하고 꼭 해야만 할 일이라면 세상은 항상 그의 편이다.

어머니에게 자신의 간 일부를 떼어준 후배가 있다. 후배는 어머니가 간암에 걸렸다는 소식을 듣자마자 한 치의 망설임도 없이 어머니에게 자신의 간을 떼어주기로 했다. 언뜻 부모 자식 사이에 당연한 일 같지만, 선뜻 나서서 그렇게 행동할 사람이 과연 얼마나 될까.

그런데 그만 생각지도 못했던 문제가 생기고 말았다. 체중이 많이 나가는 바람에 간에 이상이 생긴 것이다. 당연히 수술 역시 연기가 불가피했다. 일단 간을 다시 건강하게 만드는 것이 급선무였습니다.

후배는 즉시 다이어트에 돌입했다. 이에 식사량을 대폭 줄였고, 추운 겨울날 새벽, 하루도 빠짐없이 학교 운동장을 뛰었다. 그 결과, 한 달 만에 무려 10Kg이 넘는 살을 뺄 수 있었고, 16시간이 넘는 대수술을 통해 어머니에게 무사히 간을 이식할 수 있었다.

만일 후배에게 절실함이 없었다면, 뚜렷한 목표의식이 없었다면 한 달 만에 10Kg을 빼는 게 가능했을까. 아마 불가능했을 것이다.

이렇듯 세상은 망설이고 우유부단한 것보다는 분명하고 확실한 걸 좋아한다. 그 때문에 뭔가를 꼭 해야 한다면 막연한 다짐보다는 그것을 해야 할 확실한 이유가 있어야만 한다. 그렇지 않으면 아무리 강한 다짐을 한다고 해도 일을 하는 내내 포기하고 싶은 마음이 수시로 들 수 있기 때문이다.

그렇다. 모든 일에는 하고자 하는 이유가 있어야만 한다. 삶 역시 마찬가지다. 이유 있는 삶만이 곧 성취하는 삶이자 가치 있는 삶으로 발전할 수 있다. 그런 의미에서 지금 자신의 삶에 의문이 들거나, 뭔가 잘못되어 가고 있다는 생각이 든다면 한 번쯤 멈춰 서서 자신의 삶을 되돌아보며, 삶에 관한 다양한 질문을 던져볼 필요가 있다. 어쩌면 그것이 우리가 최종 목적지에 좀 더 빨리 도착할 수 있는 지름길일 수도 있다.

굳은 의지와 열정이 변화를 낳는다

바른 역사를 세우기 위해 노력한 독립운동가 _ 신채호

한 언론인이 있었다. 어느 날, 그는 신문에서 다음과 같은 기사를 보았다.

"대한제국이 일본에 진 빚 1천3백만 원! 우리가 직접 나서서 갚읍시다."

순간, 그는 벅찬 감동에 가슴이 마구 뛰었다. 이에 자신이 몸담고 있던 〈대한매일신보〉에 그 캠페인을 대대적으로 홍보하기로 하고, 매일 관련 기사를 게재하였다. 그러자 전국 방방곡곡에서 수많은 국민이 입고 먹는 것을 아껴 모은 돈을 모아서 신문사로 보내왔다. 뜨거운 동포애에 눈물을 멈출 수 없었던 그는 자기 역시 뭔가 해야겠다는 결심을 굳혔다.

어느 날, 그는 직원들 앞에서 "다시는 담배를 피우지 않겠다."며 다짐을 했다.

"주필님, 그게 무슨 소리입니까? 단 1초도 담배 없이는 못 사시는 분이 그런 소리를 하시다뇨. 차라리 산소 없이 사신다고 하지 그러세요, 하하하!"

"내 말을 정말 못 믿겠나?"

"그 말을 어떻게 믿겠습니까? 아마 하루도 못 가서 휴지통을 뒤지며 꽁초를 찾으실 걸요. 그런데 왜 담배를 끊으려고 하세요?"

"담배 살 돈을 모아 나도 국채보상운동에 참여할 걸세."

하지만 직원들은 여전히 그의 결심을 반신반의했다.

하루가 지났다. 담배 생각이 간절했지만, 눈을 찔끔 감고 참았다. 그렇게 일주일이 지났다. 참으로 참기 힘든 시간의 연속이었다. 기사가 잘 안 써지는 날에는 담배 한 모금 생각이 정말 간절했다. 하지만 물 한 잔으로 그 유혹을 넘겼다.

그렇게 해서 한 달의 시간이 흘렀다. 그가 직원들 앞에 흰 봉투 하나를 내밀었다.

"주필님, 이게 뭡니까?"

"그 안을 보게."

봉투 안에는 돈이 들어있었다.

“한 달 전에 내가 자네들 앞에서 담배를 끊겠다고 다짐하지 않았나? 이 돈을 국채보상금 모금에 보태려고 하네.”

“하여간, 주필님 대단하십니다.”

그제야 직원들은 그의 다짐이 거짓이 아니었음을 알고 그의 굳은 열정에 큰 박수를 보냈다.

나라를 사랑하는 마음으로 담배의 유혹을 떨쳐낸 그. 그가 바로 독립운동가 신채호였다.

Question 03

지금 가고 있는 그 길이 확실한가?

인생은 한 권의 책과 같다. 어리석은 이는 그것을 마구 넘겨 버리지만, 현명한 이는 열심히 읽는다.
인생은 단 한 번만 읽을 수 있다는 것을 알기 때문이다.

_장 파울

삶에 있어 목표가 있고 없고는 엄청난 차이를 낳는다. 목표가 있는 사람은 현재 겪고 있는 고통을 극복할 힘이 생길 뿐만 아니라 지금 하는 일에 의욕과 열정이 생기며, 하루하루 발전하는 자신의 모습을 보며 성취감을 느끼기 때문이다. 그에 반해, 목표가 없는 사람은 정처 없이 떠도는 배와도 같다. 목표가 없는 배는 어느 항구에 머물러야 할지 모른 채 이리저리 흔들리며 시간만 보낼 뿐이다. 사람 역시 마찬가지다. 목표가 없는 사람은 항상 제자리에서 맴돌며 인생을 낭비할 뿐 결코 앞을 향해 나아갈 수 없다.

시간은 충분하다. 따라서 목표와 방향만 확실하다면 언젠가는 자신이 원하는 목적지에 도달할 수 있다. 중요한 건 목표를 잊지 않고 늘 가슴속에 간직하면서 이를 적극적으로 실천하는 것이다.

누군가의 말마따나, 삶은 오르막이 있고 내리막이 있는 낯선 길을 걷는 것과도 같다. 누구나 그 길 위에서 수없이 넘어지고 깨진다. 그때마다 우리가 해야 할 일은 다시 일어나서 열심히 달리는 것이다. 만일 그렇지 않고 거기서 멈춘다면 우리의 삶 역시 거기서 끝나고 만다.

방향만 확실하다면 가는 길이 아무리 복잡하고 흔들려도 상관없다. 방향만 확실하다면 시간은 아무런 문제가 되지 않기 때문이다.

한 걸음 한 걸음씩 삶의 목표를 향해 천천히 걸어가라. 힘이 들면 잠시 멈춰 쉬었다 가도 좋다. 지금 우리가 내딛는 한 걸음 한 걸음이 우리를 더욱 더 빛나게 할 것이란 사실을 절대 잊어서는 안 된다.

방향만 확실하면
시간은 아무런 문제가 되지 않는다

소아마비를 극복하고 올림픽 정상에 우뚝 서다 _ 레이 유리

"왜 그러니, 아가? 제발 똑바로 걸어보렴!"

엄마가 넘어진 아이를 일으켜 세우며 말했다.

보통 아이들은 3살 정도가 되면 아장아장 걸어 다니는데, 자신의 아이는 걷는 건 엄두도 못 낼뿐더러 일어서는 것조차 매우 힘들어했다.

결국, 아이는 일곱 살에 소아마비라는 청천벽력과도 같은 진단을 받았다.

"평생 휠체어를 타고 지내야 할지도 모릅니다."

의사의 말에 엄마는 가슴이 무너져 내리는 듯했다. 아이 역시 마찬가지였다. 평생을 휠체어에서 지내야 한다니 생각만 해도 무섭고 두려웠다.

"안 돼요, 선생님! 제발 우리 아이를 치료해주세요."

그러나 의사는 고개만 내저을 뿐 더는 아무 말도 하지 않았다. 그렇다고 엄마까지 아이를 포기할 수는 없었다. 하지만 절대 서두르지 않았다.

엄마는 가장 먼저 아이에게 체조를 가르친 후 쉬지 않고 몇 년 동안 계속해서 연습하도록 했다. 그 결과, 뻣뻣하게 굳어 있던 다리가 조금씩 유연해지기 시작했고, 급기야 다리에 힘이 붙기 시작했다.

"그래, 그렇게 걷는 거야. 한 걸음 만 더! 그래, 그래 잘한다. 힘내, 한 걸음만 더!"

엄마의 응원에 아이는 이를 악물었다. 자신도 뛸 수 있다는 것을 사람들에게 보여주고 싶었다. 이에 때로는 눈물이 흐를 정도로 힘겹고 고통스러웠지만, 절대 물러서지 않고 장애와 맞서 싸웠다.

세월이 흘러 어느새 건장한 청년으로 성장한 그는 대학에 입학한 후에도 틈틈이 점프 연습을 했다. 그뿐만 아니라 시간이 흐를수록 몸이 더욱 좋아져서 미식축구 선수는 물론 육상팀 주장으로도 활약했다. 평생 휠체어 신세를 져야만 했던 그에게 있어 기적과도 같은 일이었다.

"괜찮겠어? 어렸을 때 아팠다면서?"

"내가? 하하하, 그건 모두 지나간 일이야. 지금은 아무렇지도 않아."

"하여간 대단한 녀석이야."

대학 졸업 후 그는 한 회사의 기술자로 취직했다. 그러나 일을 마친 후에는 점프 연습을 단 하루도 거르지 않았다. 그쯤 되자 그의 점프 실력은 그 누구도 따라잡을 수 없게 되었다. 이에 사람들은 그를 가리켜 '인간 개구리'라고 불렀다.

그러나 놀라운 일은 따로 있었다. 몇 년 후 제자리높이뛰기와 제자리멀리뛰기, 제자리세단뛰기 등의 종목에서 미국 대표로 선발되어 올림픽에서 금메달을 획득한 것이다. 나아가 그후 열린 올림픽에서도 총 10개의 금메달과 3개의 세계 신기록을 수립하는 기적을 이루었다. 그리고 이는 2008년 베이징 올림픽에서 펠프스가 12개의 금메달을 획득할 때까지 100년 동안 깨지지 않은 신기록으로 남아 있었다.

일곱 살 때 앓은 소아마비로 인해 평생 휠체어 신세를 져야 했을 수도 있었지만, 끊임없는 열정과 노력으로 이를 극복한 후 올림픽에서 가장 높은 시상대에 10차례나 우뚝 선 레이 유리. 언젠가 그는 그 비결을 묻는 사람들의 물음에 이렇게 말한 바 있다.

"나는 휠체어에서 떨어져 있고 싶어서 점프를 계속했을 뿐이다."

그것을 꼭 해야 할 확실한 이유가 있는가?

인생은 흘러가는 것이 아니라 채워지는 것이다.
우리는 하루하루를 보내는 것이 아니라 내가 가진 무엇으로 채워가는 것이다.

_ 존 러스킨

우리의 삶은 뒤늦은 깨달음의 연속이다. 만일 우리가 뒤늦게 후회하는 일을 미리 알고 있었더라면 지금보다 후회할 일이 훨씬 더 적을지도 모른다.

지금 알고 있는 걸 그때도 알았더라면

나는 틀림없이 춤추는 법을 배웠으리라

내 육체를 있는 그대로 좋아했으리라

내가 만나는 사람을 신뢰하고

나 역시 누군가에게 신뢰할 만한 사람이

되었으리라

입맞춤을 즐겼으리라

정말로 자주 입을 맞췄으리라

틀림없이 더 감사하고,

더 많이 행복해했으리라

지금 내가 알고 있는 걸 그때도 알았더라면.

지나간 시절에 대한 후회와 항수를 딤은 킴벌리 커버거의 잠언시 〈지금 알고 있는 걸 그때도 알았더라면〉이다.

누구나 모두 지나간 시간과 일에 대해서 한 번쯤 후회하곤 한다. 하지만 이미 지나간 시간은 누구도 되돌릴 수 없다. 중요한 건 앞으로 맞이할 시간이다. 시간이 흐른 뒤에도 똑같은 실수를 하고, 똑같은 후회를 하며 산다면 그것만큼 어리석은 일도 없기 때문이다. 따라서 생각만 해도 가슴이 뛰는 일, 꼭 해야만 하는 일이 있다면, 지금 당장 그것을 해야만 한다. 그것이 바로 가슴이 시키는 일이기 때문이다.

먼 훗날 삶을 되돌아봤을 때 후회하며 한숨을 내쉬는 것보다 "멋진 인생이었다." 라며 자신의 삶을 자랑스러워하고 뿌듯해하는 모습을 생각해보라. 생각만 해도 가슴이 뛰고 행복해지지 않는가.

그런 삶을 살아야 한다. 그러니 뭔가 하기로 결심이 섰다면, 지금 당장 움직여야만 한다. 우리 삶은 우리 스스로가 만들어가는 것이다.

마음속에 담아둔 말은 자신이 아니면 그 누구도 알아낼 수 없다. 꿈 역시 마찬가지다. 마음속에 품은 꿈을 밖으로 꺼내지 않으면 아무 소용이 없다. 꿈은 품고 간직하는 것이 아니라 실천하고 성취하는 것이기 때문이다. 만일 아직 꿈을 정하지 못했다면 먼저 꿈을 정하라. 그리고 꿈이 정해졌다면 그 꿈을 이루기 위해서 뭘, 어떻게 해야 할 것인지 구체적으로 생각해봐야 한다. 거기에 삶의 해답이 있다.

꿈은 내가 아닌 다른 누군가가 이루어주는 것이 절대 아니다. 오직 자기 자신만이 그것을 이룰 수 있고, 그것에 대해서 책임을 져야 한다.

지금 당장 가슴 깊이 숨겨둔 꿈을 찾아 가슴 밖으로 꺼내라. 그리고 모든 사람들에게 그것을 알려라. 포기하지 않는 한 언젠가는 반드시 그것을 이룰 것이다. 모든 일은 결국 생각대로 되기 마련이다.

역경을 새로운 기회로 적극 활용하라

여자 선수의 권익 향상에 앞장선 테니스의 전설 _ 빌리 진 킹

"여자 선수에게 시합 한번 하자고 해볼까?"

"정말이야?"

"그래, 재미있잖아."

"그럼, 그렇게 한번 해보든지."

"좋았어. 그쪽도 흔쾌히 받아드릴 거야."

"물론 그렇겠지."

그렇게 해서 윔블던대회(전영오픈테니스선수권대회) 남자 챔피언인 보비 릭스는 여자 선수에게 시합을 제안했다.

"정말 흥미롭겠네요. 기꺼이 응하겠습니다."

"좋습니다. 그럼 이른 시일 내에 시합하기로 하죠."

그로부터 얼마 후 1973년 9월 20일, 세계 테니스 역사상 최초의 남녀 챔피언 대결이 펼쳐졌다. 소문은 삽시간에 퍼져 경기를 보기 위해 많은 사람이 구름 떼처럼 몰려들었다.

"남녀 대결이라니, 이거 참 놀라운 일이야."

"그러게 말이야. 그런데 과연 누가 이길까?"

"당연히 남자인 보비 릭스가 이길 거야. 여자가 아무리 발버둥 쳐도 남자는 이길 수 없을 테니까. 애초부터 말이 안 되는 경기잖아. 분명 여자 선수가 망신만 당하고 말 게 틀림없어."

"아무튼, 누가 이기든 재미있겠어."

사실 보비 릭스는 경기에 대해서 그다지 부담이 없었다. 당연히 자신이 이길 것으로 생각했기 때문이다. 이에 테니스 관계자와의 인터뷰에서도 이렇게 말한 바 있다.

"당연히 남자인 제가 이길 것입니다. 솔직히 제가 먼저 경기를 제안하기는 했지만, 이 경기를 꼭 해야 하는지 의문입니다. 만일 제가 진다면 다리에서 뛰어 내리겠습니다. 여자 선수 주제에 감히 남자에게 도전하다니, 정말 우습네요."

보비 릭스는 말끝마다 여자를 비하하는 말을 내뱉었다. 반면, 여자 선수의 얼굴은 비장함 그 자체였다.

"반드시 이 경기에서 이겨 여자 선수도 남자 선수와 전혀 다를 바 없다는 걸 보여드리겠습니다."

여자 선수는 단지 여자라는 이유만으로 대회에서 차별받는 것이 너무나 억울했다. 심지어 대회에 참가해도 참가비조차 주지 않았다.

그녀는 경기에 임하기에 앞서 다시 한 번 각오를 굳게 다졌다.

'꼭 이기고 말 거야. 노력이 헛되지 않다는 걸 반드시 보여줄 거야.'

사실 그녀는 무릎 수술을 몇 차례 받은 적이 있었다. 하지만 대회를 준비하느라고 그 고통을 참고 있었다.

이윽고 남자 선수의 서브를 시작으로 마침내 경기가 시작되었다. 순간, 어디에서도 경험한 적 없는 강력한 서브에 여자 선수는 당황했다. 정신이 번쩍 들었다.

'안 돼, 이대로 가면 백전백패야. 정신 차리자.'

여자 선수는 더욱 경기에 집중했다. 힘이 부쳤지만 그래도 이를 악물었다. 체력적인 약점에도 불구하고 반드시 경기에서 이기고 싶었다. 그런 강인한 정신력 때문이었을까. 후반으로 갈수록 경기가 팽팽해지더니, 급기야 승리의 여신이 여자 선수 쪽으로 점점 더 기울어졌다. 덩달아 관중석도 술렁이기 시작했다.

"이게 뭐야. 이러다 남자 선수가 지겠는걸. 이게 무슨 망신이람."

"저 여자 선수 정말 대단한데. 앞으로는 여자라고 무시하면 안 되겠어."

관중들의 응원에 힘을 얻은 여자 선수는 한 점 한 점 점수를 쌓아나갔다. 그리고 마침내 기적이 일어났다. 여자 선수가 이긴 것이다. 그것도 3대 0으로 완벽한 승리였다. 관중들은 놀라움을 금치 못했다. 그녀 역시 남자를 이겼다는 사실에 몹시 흥분했다.

매 순간 역경을 즐거운 도전으로 받아들이고, 전 세계 여성들에게 꿈과 희망과 행복을 심어준 스포츠계의 진정한 승리자, 그녀가 바로 미국 테니스의 영웅으로 불리는 '빌리 진 킹'으로, 윔블던 대회에서 단식 6회, 복식 9회, 혼합복식 4회를 우승하는 전무후무한 기록을 세운 바 있다.

그 후에도 그녀는 여자도 스포츠 경기에서 남자 선수와 똑같은 대우를 받을 수 있도록 여자 선수들의 권익을 향상하는 데 앞장섰다. 그리고 그런 그녀의 노력은 절대 헛되지 않았다. 몇 년 후부터 남자와 여자 선수의 우승 상금이 같아졌고, 여자 선수를 바라보는 시선 역시 훨씬 더 부드러워졌기 때문이다. 이에 그녀는 한 언론과의 인터뷰에서 이렇게 말한 바 있다.

"역경이요? 기회이자 특권이죠. 그걸 왜 피합니까?"

<u>Question 05</u>

다른 이의 삶을 무작정 좇고 있지는 않은가?

나는 유별나게 머리가 똑똑하지 않다. 특별한 지혜가 많은 것도 아니다.
다만, 나는 변화하고자 하는 마음을 생각으로 옮겼을 뿐이다.

_ 빌 게이츠

2012년 8월 30일. 런던 패럴림픽(장애인올림픽) 개막식에서는 아주 특별한 장면이 하나 연출되었다. 임신한 앨리슨 래퍼 석상을 가운데 두고 〈살아 있는 비너스를 위하여〉라는 공연이 펼쳐진 것이다. '초인(Super Human)들의 도전'이라는 주제에 걸맞은 매우 감동적인 무대였다.

알다시피, 엘리슨 래퍼는 장애를 갖고 태어났다. 하지만 그녀는 속도 중심의 이 세상에서 출발은 비록 보통 사람들에 비해서 늦었을지 몰라도 끊임없이 자기 자신을 설득하고 노력해서 성공의 대명사로 우뚝 섰다. 삶이라는 결승점을 매우 우수한 성적으로 통과한 것이다.

우리는 우리 자신에게 너무 인색하다. 하지만 누구도 자기 자신을 사랑하지 않고는 남을 사랑할 수 없다는 사실을 알아야 한다. 또한, 자기 자신을 믿지 못하면 다른 사람 역시 믿을 수 없다. 모든 사랑은 자기 자신으로부터 시작되기 때문이다. 자기 자신을 사랑한다는 건 곧 남을 사랑할 수 있다는 것이다.

여기서 질문 하나. 하루에 거울을 몇 번이나 보는가? 또 거울을 볼 때마다 거울 속의 자신을 보며 어떤 행동이나 말을 취하는가? '참 멋진걸!'이라며 방긋 웃는 편인가? 아니면 '왜 이렇게 못생겼지!' 라며 입술을 쑥 내미는 편인가?

우리는 종종 자기 자신의 소중함에 관해서 잊고 살아간다. 그러다 보니 작은 실패 하나에도 자기 자신을 미워하고 원망하곤 한다. 그 결과, 자기에 대한 믿음이 깨지고 삶의 의욕마저 사라지게 된다.

남을 이해하기 전에 자기 자신을 먼저 이해해야 한다. 좀 부족한 면이 있으면 어떤가. 너무 자책만 하지 말고 자기 자신을 있는 그대로 인정하자. 다른 사람의 복사판이기 되기보다는 그대로의 원판 인생을 살아야 한다.

주위를 살펴보면 성공한 사람의 인생을 마치 자신의 인생인 듯 혼동하는 사람이 있다. 그들은 자기 생각과 말 대신 성공한 사람의 생각과 말로 자신의 삶을 가득 채운다. '나'라는 존재가 사라지고 없는 것이다.

그들에게 묻고 싶다.

'당신 인생의 주인공은 과연 누구입니까?'

성공한 사람들의 이야기가 큰 감동과 가르침을 주는 건 사실이다. 하지만 그건 어디까지나 그 사람들의 이야기일 뿐, 그들과 다른 삶을 살아가야 할 내 이야기는 아니다. 즉, 참고는 될지언정 절대적인 가치는 될 수 없는 것이다. 누가 뭐라고 해도 내 인생의 주인공은 나다. 따라서 자기 자신에게 신념과 용기, 믿음과 사랑을 자신에게 끊임없이 전달해야 한다. 자기 자신을 믿지 못하고 사랑하지 않는데, 어찌 다른 사람에게 신뢰받고 사랑받기를 기대할 수 있겠는가. 자기 자신을 믿는 사람만이, 자기 자신을 사랑하는 사람만이 인생을 아름답고 가치 있게 살 수 있다.

자신을 사랑하는 사람만이
인생을 가치 있게 살 수 있다

살아있는 비너스, 영국의 구족화가 _ 앨리슨 래퍼

1965년 영국 스태퍼드셔에서 한 아이가 태어났다. 그런데 아이의 모습은 참으로 끔찍했다.

"선생님! 우리 아이가 왜 이렇죠? 팔다리가 없어요. 바, 바, 바다표범 같아요."

아이의 모습을 본 의사와 간호사, 아이 엄마는 기겁했다. 아이가 팔다리가 없는 장애를 갖고 태어났기 때문이다. 특히 누구보다도 상심이 큰 사람은 아이 엄마였다.

결국, 아이는 생후 6주 만에 길거리에 버려지고 말았다. 다행히 사람들의 도움으로 장애인 보호시설에 맡겨졌지만, 그곳 생활 역시 만만치 않았다. 신체적인 결함으로 인해 친구들에게 매일 학대받기 일쑤였기 때문이다.

“저리 가, 이 괴물아!”

그럴 때마다 아이는 아무도 없는 곳으로 달아나고 싶었다. 하지만 마음뿐, 달아나려야 달아날 수 없기에 참고 견딜 수밖에 없었다.

세월이 흘러 어여쁜 숙녀가 된 아이는 미술에 눈을 떴다.

‘내 마음을 그림으로 마음껏 표현할 거야.’

그녀의 꿈은 당차고 야무졌다. 그래서 남보다 더 많이 그림을 그렸고 더 많이 공부했다. 그 결과, 삶에 어느 정도 자신감도 느끼게 되었고, 급기야 사랑하는 사람과 결혼도 할 수 있게 되었다. 그렇게 행복한 나날이 이어졌다. 하지만 그것도 잠시. 어느 날부터 남편의 폭력과 폭언이 계속되었고, 결국 2년 만에 이혼해야 했다. 그런데 그만 문제가 생기고 말았다. 그녀가 임신한 것이다. 그러자 주위 사람들은 아이를 낳지 말라며 필사적으로 그녀를 말리고 나섰다.

“너와 똑같은 아이를 낳으면 어쩌려고 그래. 안 돼, 절대 안 돼.”

그러나 누구도 그녀의 고집을 꺾을 수 없었다.

“저는 하느님이 주신 선물을 절대 포기할 수 없어요.”

배가 점점 불러올수록 그녀는 더욱 힘들었지만, 그 고통마저 예술적으로 승화시키고자 했다. 이에 미술가 마크 퀸의 모델로 기꺼이 나서기도 했다.

결국, 얼마 후 그녀는 아이를 낳았고 아이를 키우며 삶의 의미와 기뿜을 누렸다.

"아가, 엄마가 널 얼마나 사랑하는지 알지?"

팔과 다리가 없어서 아이를 키우기가 몹시 불편했지만, 그녀는 모든 상황을 슬기롭게 헤쳐 나갔다. 숟가락을 입으로 물어서 아이에게 음식을 떠먹이고, 특수 제작한 유모차로 아이와 함께 산책도 즐겼다.

신체적인 결함을 극복하고 한 아이의 엄마로 그리고 세계적인 예술가로 우뚝 선 그녀는 그 존재만으로도 세상 사람들에게 큰 감동을 주기에 충분했다. 강철 같은 의지와 예술혼으로 빛나는 인생을 사는 그녀. 그녀가 바로 앨리슨 래퍼로 장애인은 물론 전 세계 수많은 사람의 귀감이 되고 있다.

Question 06

교과서 같은 삶만 고집하고 있지는 않은가?

불행의 원인은 늘 나 자신이다. 몸이 굽으면 그림자도 굽으니, 어찌 그림자를 탓할 것인가.
그러므로 나 외에는 누구도 나의 불행을 치료해줄 사람이 없다.

_ 블레즈 파스칼

엉뚱하게 행동하는 사람을 욕하고 흉보는 시대는 이제 끝났다. 사실 예전에는 엉뚱하게 행동하는 사람을 미친 사람으로 취급하곤 했다. 하지만 지금은 전혀 그렇지 않다. 엉뚱함 속에서 새로움이 창조되고, 더욱 다양하고 개성적인 삶을 펼칠 수 있기 때문이다. 특히 엉뚱함이 가장 빛을 발휘하는 분야는 바로 예술이다. 그로 인해 예술 수준이 한껏 더 높아졌을 뿐만 아니라 그것을 빼고는 예술을 말할 수 없게 되었다. 그런 점에서 예술에서 엉뚱함을 빼게 되면 우리의 지루한 일상과 별 차이가 없을 것이다.

하지만 그런 엉뚱함이 꼭 예술에만 필요한 것은 아니다. 그것은 회사에서도, 직장에서도, 학교에서도 필요하다. 창조적인 사람이 많을수록 그 조

직의 경쟁력이 높아지고 활력이 넘치기 때문이다.

작지만 알차게 광고회사를 이끌어가던 선배가 있었다. 하루는 선배의 연락을 받고 회사를 방문하게 되었는데, 신입 카피라이터를 뽑는 일을 좀 도와달라고 하였다. 얼떨결에 신입사원의 당락을 결정해야 하는 면접위원이 된 것이다.

잠시 후 카피라이터에 지원한 사람이 면접장 안으로 들어왔다. 우선, 선배가 이런저런 질문을 했고, 지원자는 오달지게 답변하였다. 너무도 자신에 찬 모습이었다. 나 역시 가만히 앉아있을 수만은 없어서 질문을 한 가지 해보았다.

"지금까지 살아오면서 엉뚱하게 행동했던 적이 한 번이라도 있나요?"

지원자는 잠시 생각하는 듯하더니, 이내 고개를 휘휘 내저었다.

"아니요, 없습니다."

간결하고도 단호한 답변에 나는 속으로 '참 재미없게도 살았구나.' 라고 생각하였다. 그리고 잠시 후 두 번째 지원자가 들어왔다. 그 역시 기본적인 소양이나 실력은 갖췄지만 엉뚱함은 전혀 없었다. 세 번째 지원자에게도 나는 똑같은 질문을 했다. 그러자 그는 얼핏 미소를 지으며 이렇게 말했다.

"가을날 아침부터 해가 질 때까지 들판에 서 있었던 적이 있습니다. 허수아비처럼 말이죠."

"왜 그랬죠?"

난데없는 추가 질문에 지원자는 머리를 긁적이며 눈을 깜박였다. 그리고 중얼거리듯 말했다.

"글쎄요, 아마 그때 제가 어떻게 되었나 봐요."

그 이후에도 많은 지원자가 있었지만, 나는 세 번째 지원자에게 가장 높은 점수를 줬다. 선배가 최종적으로 누구를 낙점했는지는 모르지만, 만일 선배 회사에 다시 방문할 일이 있다면 그 세 번째 지원자를 다시 만났으면 하는 바람이 있다.

생각해보면 성공한 사람들은 하나같이 기존의 틀을 깨뜨리고, 스스로 한계의 벽을 만들지 않았다. 비록 사람의 능력에는 한계가 있지만, 창조의 능력에는 한세가 없기 때문이다. 그런 점에서 조금은 삐딱하고 엉뚱하게 살아보는 것도 나쁘지만은 않을 것이다. 오히려 무료하고 변화 없는 인생이 조금은 더 활기차고 재미있어지지 않을까.

생각만 해도 가슴이 뛰는 진짜 인생을 살아라

나만의 삶을 산 중국의 괴짜 예술가 _ 한빙

중국 예술가 중 한빙이라는 사람이 있다. 괴짜로 유명한 그는 한때 배추를 줄로 묶어 산책하는 퍼포먼스를 통해 전 세계인의 주목을 받았다. 그런데 얼마 전 그가 다시 한 번 화제가 되었다.

이번에 그가 택한 주제는 사과와 아이폰이었다. 그는 6개의 사과를 한 줄로 묶은 후 아이폰 두 개를 함께 묶어 지난번과 마찬가지로 산책을 하였다. 어찌 보면 그의 이런 행동은 참으로 기묘하기 그지없다. 마치 강아지를 데리고 산책하듯 물건을 줄에 묶고 베이징 지하철역과 천안문 광장, 상하이와 광저우 시내, 만리장성 등을 돌아다니기 때문이다. 이에 그의 괴상한 행동을 본 사람들의 반응 역시 다양했다.

"멀쩡하게 생긴 사람이 참 안 되었군, 그래."

"당신, 지금 뭐 하는 거요? 먹는 걸 가지고 장난치면 벌 받아요."

그러다 보니 정신 나간 사람으로 오인당해 봉변을 당한 적도 여러 번 있었다. 심지어 어떤 사람은 경찰에 신고까지 해서 경찰 조사를 받는 수모를 당하기도 했다. 그러나 대부분은 얼굴 가득 환한 미소를 지으면서 즐거워하였다.

"참으로 기발한 생각이군. 이제 강아지는 필요 없겠어."

특히 호기심 많은 아이 중에는 그의 행동을 곧잘 따라 하는 아이들이 더러 있었다. 어떤 아이는 깡통을 줄에 묶어 뒤따르기도 했고, 또 어떤 아이는 신발을 줄에 묶고 다니면서 그를 흉내 냈다.

수년간 계속된 그의 이런 퍼포먼스는 단 한 번도 미술관을 찾은 적이 없는 수백만 명의 사람들에게 예술을 직접 체험할 기회를 제공하였다.

어느 날, 한 신문 기자가 그에게 물었다.

"왜 그런 특별한 행동을 계속하는 겁니까?"

그러자 그는 얼굴 가득 미소를 지으며 이렇게 말하였다.

"사람들이 강아지를 데리고 산책하듯, 저 역시 물건과 함께 산책하는 것일 뿐입니다. 그것이 제게 특별한 일은 아닙니다."

하지만 모든 예술가에게는 작품 활동에 뚜렷한 목적이 있게 마련이다. 혹시 그는 그런 퍼포먼스를 통해 이렇게 말하고 싶었던 건 아닐까.

"지겹도록 틀에 박힌 삶이 아닌 생각만으로도 가슴이 뛰는 나만의 삶을 살아야 한다. 그게 바로 진짜 인생이다."

나이를 핑계 삼고 있지는 않은가?

우리 안에 존재하는 것은 모두 똑같다.
탄생과 죽음, 깨어남과 잠듦, 젊음과 늙음.

_ 헤라클레이토스

"나이는 숫자에 불과하다." 라는 광고 카피처럼 열정과 의지만 있다면 나이는 결코 장애나 짐이 될 수 없다.

패스트푸드의 대명사인 KFC 창업자 커넬 할랜드 샌더스는 1,009번의 실패를 극복하고 68세라는 늦은 나이에 마침내 성공을 일궈냈다. 그는 6살에 부모를 잃고 10살 때부터 농장과 유람선, 주유소 등에서 닥치는 대로 일을 하다가 중년이 되어서야 자신의 레스토랑을 가질 수 있었다. 하지만 그 기쁨도 잠시. 경제 대공황으로 인해 다시 모든 것을 잃어야만 했다. 이에 사회보장금으로 받은 105달러로 마련한 낡은 트럭을 타고 자신만의 독특한 닭 조리법을 팔러 미국 전역을 떠돌아다녔다. 하지만 현실은 그를 철저히 외면했다. 무려 1,009번이나 거절당해야 했기 때문이다. 그야말로 쉽지 않은 도전의 연속이었다. 그러나 그는 절대 포기하지 않았다. 오히려 실패할 때마다 방법을 달리해서 또다시 도전했다. 그렇게 2년이란 시간을 보낸 뒤에야 마침내 첫 번째 계약을 맺을 수 있었다.

나이가 성공을 결정짓는 핵심 요소는 절대 아니다. 그보다는 열정, 즉 그것을 하고자 하는 의욕의 차이가 성공을 결정한다고 할 수 있다.

주위를 살펴보면, 모든 것을 포기한 듯 행동하는 사람들이 간혹 있다. 그들에게는 공통점이 있다. 뭔가를 하고자 하는 열정과 의지, 희망, 꿈이 없다는 것이다.

인생을 두 번 살 수 있는 사람은 없다. 누구나 한번 지나가면 모든 것이 끝이다. 그 때문에 매 순간순간 최선을 다해야만 한다. 누구나 마음만 먹으면 아무리 어려운 일도 충분히 해낼 수 있다. 그래서 이런 말도 있잖은가. '못해서 안 하는 게 아니라 안 해서 못하는 것이다.' 라는.

삶에 너무 늦은 때란 결코 없다. 하고자 한다면 아무리 나이가 많아도, 아무리 나이가 어려도 무엇이든 다 해낼 수 있기 때문이다.

나이는 숫자에 불과하다

88세에 마라톤에 처음 도전한 할머니 마라토너 _ 페냐 크라운

결승점인 콜로세움에는 이미 헨리 케로노가 1위로 결승 테이프를 끊었지만, 누구도 움직이려고 하지 않았다. 5시간이 이미 훌쩍 지났지만, 사람들은 여전히 고개를 쑥 내민 채 누군가를 기다렸다.

"올 때가 되었는데, 왜 이렇게 안 오지?"

"그렇게 말이야. 혹시 날씨가 더워서 컨디션이 좋지 않은 건가. 하여간 좀 더 기다려보자고."

사람들은 발을 동동 굴리며 누군가를 하염없이 기다렸다. 그들이 기다리고 있는 사람은 '페냐 크라운'이라는 할머니였다. 사실 그녀는 증손녀까지 있는 여든여덟 살의 할머니 마라토너로, 모두 그녀의 건강이 걱정된 나머지 자리를 뜨지 못한 채 어서 그녀가 나타나기만을 기다리고 있었다.

"어, 저기 봐! 보인다, 보여!"

마침내 저 멀리서 구부정한 허리에 가쁜 숨을 몰아쉬며 뛰어오는 그녀의 모습이 보이기 시작했다.

그제야 사람들은 모두 자리에서 일어나 환호성을 지르기 시작했다.

"저기 보라고, 정말로 왔어! 어떻게 저 나이에 저럴 수 있지."

"그러게 말이야. 참 대단한 할머니야!"

할머니는 두 팔을 쭉 펴들고 마지막 한 발까지 최선을 다해 결승점인 42.195km를 7시간 30분 만에 통과했다. 생애 8번째 풀코스 완주였다. 그것만으로도 대단한 기록이었지만, 할머니가 대단한 이유는 따로 있다. 바로 세 차례나 암을 극복했기 때문이다.

할머니가 처음부터 마라톤을 한 것은 아니었다. 처음에는 건강을 회복하기 위해서 하이킹을 즐기다가 70세가 되던 해부터 본격적으로 마라톤을 시작했다. 그리고 그때부터 마라톤 풀코스 완주를 목표로 비가 오나 눈이 오나 매일 5km를 달리며 훈련을 거듭했다.

"그러다가 관절에 무리라도 가면 어쩌려고 그러세요? 건강이 더 나빠지기 전에 제발 그만두세요."

가족들이 모두 나서서 할머니를 말렸지만 전혀 개의치 않았다. 오히려 더 많은 시간 동안 운동을 즐겼다. 운동이 몸과 마음을 건강하게 만들어준다는 사실을 잘 알고 있었기 때문이다. 무엇보다도 자신과의 약속을 반드시 지키고 싶었다.

그렇게 해서 6개월 뒤, 할머니는 LA 마라톤 대회에서 4시간 47분의 기록으로 풀코스를 완주해 주위 사람들을 모두 깜짝 놀라게 했다. 그 후 결혼 50주년을 맞은 1986년에는 결혼식의 추억이 있는 캐나다 몬트리올 마라톤 풀코스를 달렸으며, 같은 해 중국 상하이 대회에는 여성으로서 유일하게 참가하기도 했다.

할머니는 로마대회를 마지막으로 은퇴하면서 한 언론과 인터뷰에서 이렇게 말했다.

"마라톤은 부작용이 없는 약이야. 울적하고 괴로운 일이 있을 때 아무 생각 없이 앞만 보고 달리다 보면 언제나 웃으면서 집으로 돌아올 수 있으니까. 우리 인생 역시 마찬가지야. 원하는 것이 있다면 무엇이든 포기하지 말고 끝까지 도전해야 해. 나이는 평계에 불과할 뿐이야."

<u>Question 08</u>

너무 쉽게 포기하고 절망하지는 않은가?

빛을 퍼뜨릴 수 있는 두 가지 방법이 있다.
촛불이 되거나 그것을 비추는 거울이 되는 것이다.

_ 이디스 워튼

주위를 살펴보면 절망에 빠졌을 때 삶을 포기하는 사람들이 간혹 있다. 그러나 모든 일은 다 흘러가게 마련이다. 비록 절망스러운 상황에서는 더는 희망도 없고 삶의 의미도 전혀 깨달을 수 없을 듯하지만, 막상 그 시간이 지난 후 그때를 되돌아보면 아무 일도 아닌 것처럼 느껴진다. 이는 절망 뒤에는 항상 희망이 함께 존재하고 있기 때문이다. 절망은 희망으로 가는 통로이자, 인생을 더욱 값지고 빛나게 만들기 위한 과정에 지나지 않는다. 그 때문에 깊은 절망에 빠질수록 희망의 가치가 더욱 빛나고, 서러운 눈물을 흘릴수록 행복의 깊이가 더욱 깊어지는 것이다.

무슨 일이건 쉽게 포기해서는 안 된다. 쉽게 좌절하고 포기하기에는 인생이 너무도 짧다. 어떤 일이건 돌파구는 존재한다. 또 그 뒤에는 항상 새로운 삶이 우리를 기다리고 있다.

슬픔과 괴로움은 가능한 한 빨리 잊어버리고, 삶에 꿈과 열정을 더하라. 꿈과 열정은 어디에나 존재하는 법이다. 찾고자 한다면, 마음을 열기만 하면 쉽게 얻을 수 있는 것이 바로 꿈과 열정이다.

삶은 누구에게나 똑같이 한번 밖에 주어지지 않는다. 그 시간을 무엇으로 채울지는 우리 자신에게 달려 있다.

기회를 기다리지 말고 끌어당겨라

인생 낙오자에서 세계 최고의 세일즈왕이 되다 _ 조지라드

"죄송합니다. 며칠만 더 기다려주세요."

"도대체 이게 몇 번째예요!"

그는 일주일 내내 사채업자부터 빚 독촉에 시달렸다. 하는 사업마다 모두 실패를 거듭해서 어쩔 수 없이 빌린 돈이 눈덩이처럼 불어났기 때문이다.

"돈이 있으면 왜 갚지 않겠습니까? 그러니 제발 시간을 좀 더 주세요. 빌린 돈은 반드시 모두 갚겠습니다."

그는 사채업자 앞에 무릎을 꿇고 간곡하게 부탁했다.

"그게 정말이오?"

"그렇습니다. 제발 저를 믿어주세요."

"좋소! 그 말을 믿고 오늘은 돌아갈 테니, 다음에는 꼭 돈을 준비해

두시오."

남자가 떠나자 그는 바닥에 주저앉아 한숨을 내쉬었다.

'안돼, 이렇게 인생을 끝낼 수는 없어.'

그는 바로 세계 최고 자동차 세일즈왕으로 기네스북에 오른 조 지라드였다. 그는 가족에게 풍족하지는 않지만 부족함 없는 생활을 할 수 있도록 최선을 다하고자 했다. 그래서 직장을 구하기 위해서 백방으로 뛰었지만 괜찮은 회사는 이미 사람들로 꽉 차 있거나 채용 예정이 없었다. 할 수 있는 일이라곤 자동차 판매뿐이었다. 이에 할 수 없이 자동차 영업소에 출근한 그는 아는 사람을 차례대로 찾아갔지만, 누구도 그를 반기지 않았다.

"난 차 같은 것 필요 없어."

"아직 차를 바꿀 때가 되지 않았어."

"좀 늦었군. 한 달 전에 차를 바꿨거든."

그는 한 달 내내 발바닥에 땀이 나도록 열심히 돌아다녔지만 단 한 건도 실적을 올리지 못했다. 빚을 갚아야 할 날짜는 점점 다가오는데 실적은 없고 참으로 답답한 노릇이었다. 그러자 점점 의욕도 사라지고 희망 역시 사라지는 듯했다.

그렇게 낙담하고 있던 그에게 어느 날 영업소장이 다가왔다.

"왜 이렇게 힘이 없나?"

"너무 힘이 들어서요. 아무리 열심히 뛰어도 실적이 늘지 않습니다. 이것마저 실패하면 제 인생은 끝인데 말입니다. 제 인생은 도대체 왜 이럴까요?"

"너무 실망하지 말게. 내가 자동차를 잘 팔 수 있는 비법 하나 알려줄까? 아니, 이건 자동차만 잘 파는 비법이 아니네. 크게 보면 인생을 성공적으로 살 수 있는 비법이기도 하지."

"그, 그, 그게 뭐죠? 제발 말씀해주세요."

그는 매우 진지한 표정으로 소장을 바라보며 말했다.

"그건 바로 행복한 미래를, 긍정적인 미래를 생각하는 걸세. 매일 아침 일어나자마자 고객이 자네에게 차를 사는 장면을 생각해보게. 또 자네가 돈을 많이 벌어서 가족이 즐거워하는 모습을 생각해보게. 분명 미래가 바뀔 걸세."

"예, 알겠습니다."

믿을 수 없었지만, 일단 그는 알겠다고 대답했다.

다음날, 한 손님이 영업소를 방문했다. 그는 소장이 말해준 대로 행복한 미래를 생각하며 손님을 맞았다.

"어서 오세요, 고객님. 뭘 도와드릴까요?"

고객은 그의 미소와 친절이 싫지 않았다. 무엇보다도 그가 자동차를 팔기 위해 자신에게 가식적인 모습을 보인다는 생각이 전혀 들지 않았다.

"이걸로 하겠습니다."

"저, 저, 정말이십니까?"

고객은 기분 좋게 선뜻 자동차를 계약했다.

그 일을 계기로 다시 힘을 얻은 그는 모든 고객에게 따뜻한 미소를 절대 잊지 않았다. 아울러 매일 아침 멋지게 성공한 자신의 모습과 행복한 가족의 모습을 떠올리는 일 역시 잊지 않았다. 그리고 그것이 그를 세계 최고의 세일즈왕으로 만들었다.

삶의 정답이 있다고 생각하는가?

우리는 오늘 우리의 생각이 데려다 놓은 자리에 존재한다.
우리는 내일 우리의 생각이 데려다 놓을 자리에 존재할 것이다.

_ 제임스 앨런

'불편은 창조의 어머니'라는 말이 있다. 사실 지금 우리가 '위대한 창조'라고 부르는 것 대부분은 불편함에서 비롯되었다고 할 수 있다. 만일 걸어 다니는 것이 불편하지 않았다면 수많은 차가 도로 위를 달리고 있을 필요가 없을 것이며, 손빨래가 힘들지 않았다면 굳이 세탁기를 만들 필요가 없었을 것이다.

살아가면서 불편함을 경험할 때가 종종 있다. 그럴 때 대부분은 짜증을 내거나 불평불만만 늘어놓기 일쑤다. 하지만 그렇게 끝내지 않아야 한다. 어쩌면 그 불편함이 우리와 우리의 삶을 더욱 업그레이드시킬 수 있는 더할 나위 없이 좋은 기회일지도 모르기 때문이다.

한 어머니는 병상에 누운 딸이 빨대로 물 마시는 걸 불편해하는 걸 보고

물을 쉽게 마실 수 있는 주름 빨대를 발명했다. 또 어떤 주부는 엎드려서 걸레질을 하다가 허리도 아프고 무릎도 아픈 나머지 스팀 청소기라는 획기적인 아이디어 상품을 만들기도 했다.

지금 이 순간에도 우리의 상상을 뛰어넘는 기발한 아이디어 상품이 여기저기서 쏟아지고 있다. 창조와 발명은 위대한 일임이 틀림없다. 하지만 특정인만의 것은 아니다. 마음만 먹으면, 관심만 가지면 누구나 다 할 수 있는 일이기 때문이다.

주위를 한 번 둘러보라. 그리고 나를 짜증이 나게 하고 불편하게 만드는 것이 과연 무엇인지 적어보자. 그 작은 시작이 어쩌면 우리의 삶을 바꿔놓을지도 모른다. 시작이 어려운 법이지, 일단 시작하고 나면 그다음은 생각보다 훨씬 쉽다.

생각의 문을 활짝 열자. 물론 진전이 없어 답답한 순간도 있을 것이다. 그럴 때는 내가 만든 길을 누군가가 편안하게 밟으며 즐거워하는 모습을 상상해보자. 생각지도 못했던 새로운 힘이 솟아날 것이다.

새로운 생각은 처음에는 남들에게 비웃음거리가 되거나 비난을 받을 수도 있다. 하지만 그렇다고 해서 그 생각을 접거나 포기해서는 안 된다. 그것이 옳다면 끝까지 밀고 나가야 한다. 그런 점에서 가끔은 번잡하고 지루한 일상에서 일탈해보는 것도 좋다. 새로운 환경은 새로운 생각을 만들어주기 때문이다.

여기서 말하는 일탈이란 새로움을 뜻한다. 예를 들면, 매일 똑같은 길을 오고 갔다면 한 번쯤은 다른 길을 선택해서 가거나 오고, 항상 똑같은 시간에 똑같은 일을 했다면 한 번쯤은 거기에서 해방되어 보는 것이다.

나무에 기대어 온종일 나무와 이야기를 나누고, 구름을 바라보며 구름과 함께 흘러가고, 아이의 맑은 눈망울을 바라보며 행복을 나눠보자. 기존의 방식이나 법칙을 뒤집어 생각해보는 것도 좋다.

세상에 정답은 없다. 따라서 시대에 맞게 나만의 정답을 스스로 만들어가야 한다.

생각의 문을 활짝 열어라

시각 장애인들에게 희망을 선물한 점자의 아버지 _ 루이스 브라유

"아가, 잠깐만 혼자 놀고 있으렴. 아빠가 맛있는 것 줄게."

그리고 아빠는 잠시 자리를 비웠다. 그런데 그 순간, 생각지도 못했던 불행이 찾아오고 말았다. 이제 갓 세 살 된 아이가 연장통에서 송곳을 꺼내 놀다가 그만 눈을 찌른 것이다.

양손 가득 아이에게 줄 선물을 들고 방에 들어서던 아빠는 너무도 끔찍한 광경에 그만 넋이 나가고 말았다. 하지만 곧 정신을 수습해 얼른 아이를 안고 병원을 향해 뛰었다. 그러나 안타깝게도 아이는 교감성 안염에 걸려 더는 앞을 볼 수 없게 되었다.

세월이 흘러 아이는 소년이 되었다. 앞이 보이지 않기 때문에 생활이 이만저만 불편한 게 아니었다. 한 걸음 한 걸음 움직이는 것조차도 두려움과 불안의 연속이었다. 그래도 소년은 그 시련을 모두 참아내고 이겨내고자 하였다. 정작 그를 힘들게 하는 건 따로 있었다. 바로 사람들의 차가운 시선과 멸시였다.

"눈도 안 보이는데 집에나 있지 뭐하러 돌아다녀!"

"제랑 놀지 마라. 괜히 전염될라."

그런데도 그는 좌절하거나 포기하지 않았다. 묵묵히 자신의 삶에 충실히 하고자 하였다. 아울러 마음의 상처를 극복하기 위해 오르간과 첼로를 배우기 시작했고, 시간이 흐름과 동시에 꽤 수준 높은 실력을 보유할 수 있게 되었다. 이를 통해 그는 '하면 된다.'는 사실을 다시 한 번 깨닫고 삶의 용기를 얻게 되었다. 그때부터 그는 공부에 매진하였다. 그 결과, 얼마 후 파리에 있는 국립맹아학교에 입학할 수 있었으며, 졸업 후에는 그곳에서 아이들을 가르치는 교사가 되었다.

그러던 어느 날, 문득 이런 생각이 들었다.

'더는 사람들의 멸시에 불평불만만 늘어놓을 수는 없어. 나처럼 눈이 불편한 사람들의 고통을 덜어줘야 해. 그런 점에서 지금의 점자는 너무 어려워. 아주 편리하고 쉬운 점자를 만들자.'

그때부터 그는 온종일 점자 연구에 몰두하였다. 기존의 점자는 불편한 점이 한둘이 아니었다. 특히 선(線) 문자로 되어 있을 뿐만 아니라 체계 역시 잡혀 있지 않다 보니 배우기가 여간 어렵지 않았다. 더욱이 발음 위주로 되어 있어 제대로 된 철자를 표현하기에도 부족한 점이 많았다.

　그렇게 해서 몇 년 동안 연구를 거듭한 결과, 그는 일반 문자뿐만 아니라 수학 기호와 음악 기호 등 문자로 사용할 수 있는 거의 모든 것을 점자화 하는 데 성공할 수 있었다.

　'그래, 바로 이거야.'

　누군가에게 희망을 줄 수 있다는 것, 누군가를 위해 할 수 있는 일이 있다는 것, 누군가의 기쁨을 보며 자신도 기뻐할 수 있다는 것, 그것이 그를 살게 했고, 더욱 그것에 몰두하게 하였다.

　결국, 그의 노력은 헛되지 않았다. '루이스 브라유'라는 그의 이름을 딴 브라유식 활자체와 서체를 체계적으로 완성한 것이다. 자신의 처지에 실망하거나 불평하는 대신 자신과 비슷한 상황에 부닥친 이들을 위해 세상과 소통할 수 있는 언어를 새롭게 만든 것이다.

　이렇듯 생각을 바꾸면 한 개인의 삶도 바뀌게 된다. 생각을 바꿈으로써 자신의 인생에 새로운 기회를 주는 것, 이것이야말로 자신에게 줄 수 있는 가장 큰 선물이 아닐까.

Question 01 삶의 방향이 확실히 정해졌는가?

삶의 방향을 확실히 정해야 한다. 방향 없는 삶은 결코 전진할 수 없기 때문이다. 그렇다고 해서 너무 빨리 뭔가를 얻으려고 하거나 조급하게 생각해서는 안 된다. 빨리 가는 것보다 제대로 가는 것이 훨씬 더 중요하기 때문이다.

Question 02 목적 없이 달리고 있지는 않은가?

뭔가를 이루기 위해서는 뚜렷한 목표의식과 함께 그것을 꼭 해야만 하는 이유가 확실해야 한다. 그래야만 성공할 확률이 높기 때문이다. 삶 역시 마찬가지다. 막연한 다짐보다는 그것을 꼭 해야 할 확실한 이유가 있어야 한다.

Question 03 지금 가고 있는 그 길이 확실한가?

방향만 확실하다면 가는 길이 아무리 복잡하고 흔들려도 상관없다. 방향만 확실하다면 시간은 아무런 문제가 되지 않기 때문이다. 중요한 건 목표를 잊지 않고 늘 가슴속에 간직하면서 이를 적극적으로 실천하는 것이다.

Question 04 그것을 꼭 해야 할 확실한 이유가 있는가?

마음속에 품은 꿈을 밖으로 꺼내지 않으면 아무 소용이 없다. 꿈은 품고 간직하는 것이 아니라 적극적으로 실천하고 성취하는 것이기 때문이다. 따라서 꿈이 정해졌다면 그 꿈을 이루기 위해서 뭘, 어떻게 해야 할 것인지 구체적으로 생각해봐야 한다. 거기에 삶의 해답이 있다.

Question 05 다른 이의 삶을 무작정 좇고 있지는 않은가?

성공한 사람들의 이야기가 큰 감동과 가르침을 주는 건 사실이다. 하지만 그건 어디까지나 그 사람들의 이야기일 뿐, 결코 내 이야기는 될 수 없다. 즉, 참고는 될지언정 절대적인 가치는 될 수 없는 것이다. 따라서 다른 이의 삶과 나의 삶을 절대 혼동해서는 안 된다.

Question 06 교과서 같은 삶만 고집하고 있지는 않은가?

엉뚱하게 행동하는 사람을 욕하고 흉보는 시대는 이제 끝났다. 성공한 사람들은 하나같이 기존의 틀을 깨뜨리고, 스스로 한계의 벽을 만들지 않았다. 사람의 능력에는 한계가 있지만, 창조의 능력에는 한계가 없기 때문이다.

Question 07 나이를 핑계 삼고 있지는 않은가?

삶에 너무 늦은 때란 결코 없다. 하고자 한다면 아무리 나이가 많아도, 아무리 나이가 어려도 무엇이든 다 해낼 수 있다.

Question 08 너무 쉽게 포기하고 절망하지는 않은가?

무슨 일이건 쉽게 포기해서는 안 된다. 좌절하고 절망하기에는 우리 인생이 너무도 짧기 때문이다. 삶은 누구에게나 똑같이 한번 밖에 주어지지 않는다. 그 시간을 무엇으로 채울지는 우리 자신에게 달려 있다.

Question 09 삶에 정답이 있다고 생각하는가?

새로운 생각은 처음에는 남들에게 비웃음거리가 되거나 비난을 받을 수도 있다. 그렇다고 해서 그것을 쉽게 접거나 포기해서는 안 된다. 만일 그것이 옳다면 끝까지 밀고 나가야 한다. 세상에 정답은 없다.

나는 천천히 가는 사람입니다

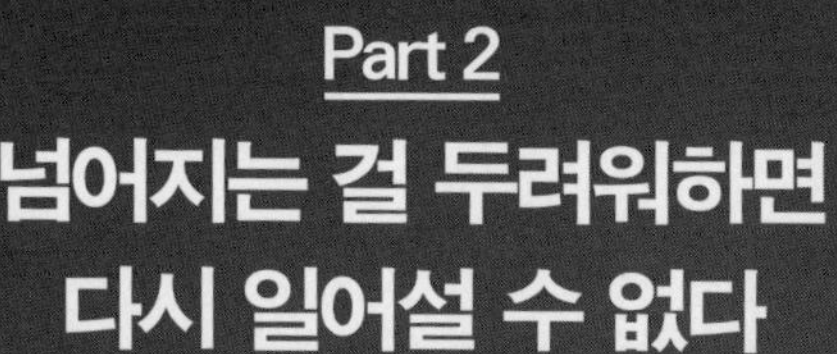

Part 2
넘어지는 걸 두려워하면
다시 일어설 수 없다

나는 실패하는 것이 전혀 두렵지 않다.
오히려 포기하고 매일 연습하지 못하는 것이 더 두려울 뿐이다.

_마이클 조던

하고 싶은 일에 모든 것을 걸어보았는가?

우리가 인생에서 목표로 삼아야 할 것은 두 가지다.
원하는 바를 이루는 것과 그것을 즐기는 것이다.
_로건 피어설 스미스

꿈이 있다는 건 매우 즐겁고 행복한 일이다. 꿈은 더 나은 내일과 지금까지 경험하지 못한 새로운 세상을 열어주며, 자기 안에 놀라운 힘이 있다는 걸 발견하게 해주기 때문이다. 어쩌면 세상이 이만큼 발전할 수 있었던 것 역시 인간에게 꿈이 있었기 때문일지도 모른다. 그러나 누구나 꿈을 꿀 수는 있지만, 누구나 꿈을 이룰 수 있는 것은 아니다. 목숨을 건 것과 걸지 않는 것은 큰 차이를 만들기 때문이다.

아프리카 초원을 생각해보라. 알다시피, 사슴은 사자보다 절대 빨리 달릴 수 없다. 그러나 모든 사슴이 사자의 먹잇감이 되는 것은 아니다. 살기 위해서 제 목숨을 다해 도망치는 사슴은 사자의 추격을 얼마든지 따돌릴 수 있기 때문이다. 이는 삶에 있어서 열정이 얼마나 중요한지 말해주고 있다.

예컨대, 도저히 할 수 없을 것 같은 일도 열정을 더하면 얼마든지 해낼 수 있음을 많은 사람이 증명하고 있다.

간혹 본인의 한계를 뛰어넘는 놀라운 능력을 발휘한 사람들의 소식을 접하곤 한다. 하지만 그들에게 열정이 없었다면 과연 그런 일이 가능했을까.

하고 싶은 일에 목숨을 걸어야 한다. 목숨을 걸고 덤비면 그 누구도 막을 수 없기 때문이다. 설령, 얻고자 하는 것을 얻지 못했다고 하더라고 후회는 남지 않을 것이다.

어떤 일을 할 때 요행을 바라거나, 요령을 피운다면 절대 좋은 결과를 얻을 수 없다. 모든 일에 최선을 다하고, 모든 능력과 열의를 쏟아야만 최고의 결과를 보장받을 수 있기 때문이다. 그런 점에서 행동이 따르지 않는 꿈은 박제된 꿈에 불과하다. 땀 한 바가지를 흘린 사람에게는 하나의 열매가 주어지고, 땀 열 바가지를 흘린 사람에게는 열 개의 열매가 주어지는 법이다. 이 세상 모든 것은 뿌린 만큼 얻는다는 것을 절대 잊어선 안 된다.

마음속 꿈을 현실로 바꾸는 최고의 비결

세계 골프 명예의 전당에 오른 골프의 전설 _ 리 트레비노

골프의 전설로 통하는 리 트레비노. 그는 1970년 PGA 투어 상금왕에 올랐고, 1971년에는 올해의 선수로 선정되는 등 명실상부 골프의 전설이었다. 하지만 그는 어린 시절 집안 형편이 어려워 초등학교만 겨우 졸업한 채 남보다 일찍 직업 전선에 뛰어들어야만 했다. 그러던 중 우연히 골프장에서 일하게 되었는데, 그가 맡은 일은 잔디를 정리하고 관리하는 일이었다. 하지만 일 년 내내 잔디를 푸르게 관리하는 건 매우 힘든 일이었다. 태양에 그을려 얼굴이 까맣게 타기 일쑤였고, 온종일 잔디 깎는 기계를 다루다 보면 팔다리가 몹시 아파져 왔다. 그래도 견뎠다. 언제부터인가 그에게도 꿈이 생겼기 때문이다.

'그래, 나도 언젠가는 꼭 유명한 골프 선수가 되고 말 거야!'

그는 마음속 꿈을 현실로 바꾸는 힘은 실천에 달려있다고 생각했다. 이에 일과가 끝나면 집으로 가는 대신 골프채를 잡기 시작했다. 그리고 밤새도록 골프 연습을 했다. 온종일 일 하느라 고단해서 잠이 쏟아졌지만, 정신을 바짝 차리고 쉼 없이 골프채를 휘둘렀다. 그리고 마침내 스물여덟 살이 되던 해, 미국 오픈 골프 선수권 대회에 참가해서 쟁쟁한 선수들을 물리치고 예상 밖의 좋은 성적을 거둬 세상의 관심을 받게 되었다.

'그래, 이제부터 시작이야. 언젠가는 반드시 세상을 깜짝 놀라게 하고 말 거야.'

얼마 후 그는 세계 최초로 미국과 영국 오픈 경기에서 우승컵을 차지하는 영광을 차지했다. 보잘것없던 골프장 잡역부에서 골프 황제로 등극하는 순간이었다. 그때부터 사람들은 그의 동작 하나하나와 말 한 마디 한 마디에 귀를 기울이기 시작했다. 그는 골프 황제이기도 했지만, 모두가 우러러보는 스타였기 때문이다. 그러다 보니 방송 출연이나 신문 인터뷰도 끊임없이 이어졌다.

어느 날, 그가 토크쇼에 출연했을 때였다.

"당신처럼 많은 갤러리를 몰고 다니는 선수도 드물 겁니다. 그렇게 많은 갤러리를 몰고 다닐 수 있는 이유는 아마 매번 우승을 놓치지 않기 때문이겠죠? 그렇다면 그렇게 많은 우승을 차지할 수 있었던 비결은 도대체 뭡니까?"

사회자의 물음에 그는 호탕하게 웃었다.

"하하하, 그렇습니다. 분명 저만의 비결이 있습니다. 이제 그 비결을 공개할 때가 되었군요. 저는 승리한 다음 날 아침, 곧장 연습장으로 달려갑니다. 그리고 연습 스윙을 350번쯤 합니다. 제게는 우승을 축하하는 행사 따위는 절대 없습니다. 우승한 다음 날부터 곧바로 다음 대회를 준비합니다. 그것이 바로 저만의 우승 비결입니다. 몇 년 전, 번개에 감전되는 사고로 인해 팔과 등을 심하게 다친 적이 있습니다. 그때도 의사 선생님이 대회 출전을 거듭 말렸지만, 저는 수술과 치료를 병행하면서 대회 출전을 감행했습니다. 만약 제가 그때 골프채를 놓았다면 지금의 저는 없을 것입니다. 중요한 건 그 어떤 상황에서도 골프채를 놓지 않았다는 것입니다. 골프를 잘 치고 싶다면 그 방법은 하나뿐입니다. 골프를 열심히 치면 됩니다. 그리고 더 중요한 것은 마음먹으면 바로 시작해야 한다는 것입니다. 골프채가 눈앞에 보이면 망설이지 말고 바로 골프채를 잡고 휘두르세요. 그러면 누구나 저처럼 할 수 있을 것입니다."

실패를 너무 두려워하고 있지는 않은가?

나는 실패하는 것이 전혀 두렵지 않다.
오히려 포기하고 매일 연습하지 못하는 것이 더 두려울 뿐이다.
_ 마이클 조던

땅속에는 우리가 모르는 큰 숲이 들어 있다. 작은 씨앗 하나가 자라서 나무가 되고, 다른 나무와 어깨동무를 하여 큰 숲을 이루는 것이다. 물론 처음 가졌던 사랑과 관심으로 물도 주고, 영양분도 주며, 햇볕도 지속해서 제공해줘야 한다. 만일 중간에 그 일을 그만두게 되면 작은 씨앗은 땅 밖 세상을 구경도 하지 못한 채 생을 마감하고 말 것이다.

우리 인생 역시 마찬가지다. 마지막 순간까지 애정과 열정을 갖고 보살피며 아름답게 가꿔가야 한다. 만일 중간에 그만두게 되면 인생이라는 활짝 핀 꽃을 결코 볼 수 없다.

산의 정상에 오르기 위해서는 깊은 골짜기를 지나야 하며, 오아시스를 만나기 위해서는 황량한 사막을 건너야만 한다. 또 무지개를 보려면 먼저 비를 맞아야 하며, 화려하고 예쁜 봄꽃을 보려면 혹독한 겨울을 보내야만 하듯 좋은 날을 맞이하기 위해서는 힘들고 고통스러운 날을 먼저 만나야만 한다. 힘들고 고통스러운 날을 극복한 사람만이 좋은 날을 만날 수 있기 때문이다. 하지만 아무리 힘들게 정상에 올랐다고 한들 그것으로 끝나는 것은 절대 아니다. 정상을 유지하고 지켜내는 일 역시 만만치 않게 힘들고 어렵기 때문이다. 그것을 지키기 위해서는 거기까지 오르기 위해서 노력했던 것보다 훨씬 더 많은 노력과 땀이 필요하다. 그런 점에서 삶에 정상이란 없다. 늘 새로움에 도전하고 끊임없이 노력해야만 한다. 따라서 시련이 왔다고 해서 슬퍼하거나 좌절하기보다는 다시 도전할 기회를 얻었다고 생각하는 것이 좋다.

혹시 지금 하는 일이 뜻대로 잘되지 않거나 뭔가 어려움에 부딪혀 있지는 않은가? 그렇다면 이렇게 생각해보자. 내일 더 크게 웃기 위해서 오늘 잠시 힘든 것일 뿐이라고.

NO Surprise! 우연한 기적은 결코 없다

배움을 최고의 가치로 삼은 선비

배움을 삶의 최고 가치로 삼는 선비가 있었다. 그는 온종일 글을 읽었지만, 그것만으로는 만족할 수 없었다. 더 많은 배움과 깨달음을 얻고 싶었기 때문이다. 이에 자기보다 더 많은 지식과 지혜를 가진 스승을 만나기 위해 잠시 집을 떠나기로 마음먹었다.

"부인, 내일 집을 떠날 생각이오. 아무도 없는 한적한 산에서 세상의 이치를 배우고 더 많은 공부를 하고 싶소. 또 공부가 끝나면 더 많은 깨달음을 줄 스승을 찾아 떠날 생각이니 언제쯤 돌아올 수 있을지 잘 모르겠소."

갑작스러운 통보에 그의 아내는 어찌할 바를 몰랐다. 하지만 그렇다고 해서 그 뜻을 결코 꺾을 수는 없었다.

"잘 알겠습니다. 부디, 마음 가득 지혜와 깨달음을 꽉 채워서 돌아오시기 바랍니다."

다음 날 아침, 그는 그 길로 길을 떠나 깊은 산속으로 들어갔다. 그리고 그곳에서 온종일 열심히 공부에 매달렸다. 그렇게 일 년의 시간이 흐르자 그의 마음속에 작은 혼돈이 찾아왔다. 이 정도면 공부가 충분하다는 자만심이 든 것이다. 결국, 그는 공부를 멈춘 채 괴나리봇짐을 매고 서둘러 집으로 돌아왔다.

"부인, 내가 돌아왔소."

베틀 앞에 앉아 베를 짜고 있던 아내는 남편을 보고 깜짝 놀랐다.

"아니, 벌써 돌아오신 겁니까?"

반가워할 줄 알았던 아내가 알듯 모를 듯한 표정을 짓자 그는 오히려 당황스러웠다. 그러나 놀라운 일은 그다음이었다. 아내가 갑자기 가위를 들더니 그때까지 짜고 있던 베를 싹둑 잘라버리는 것이 아닌가.

"아, 아니, 부인 갑자기 왜 그러는 것이오?"

깜짝 놀란 그가 아내를 바라보며 물었다.

그러자 그의 아내가 잘린 베를 가리키며 이렇게 말했다.

"서방님, 이 베가 보이십니까?"

"그렇소. 그런데 그 베가 어쨌다는 것이오?"

"보시다시피, 이 베는 한 올 한 올이 연결되어 한 마디가 되고, 또 한 마디 한 마디가 모이고 모여서 한 필을 이룹니다. 그리고…"

　여기까지 말한 그의 아내는 갑자기 말을 멈추었다. 그리고 가위를 들더니 다시 베의 중간 마디를 잘라버렸다.

　"부인, 대체 왜 그러는 것이오? 내가 무슨 큰 잘못이라도 했소?"

　"이제 이 베를 잘라 버렸으니 지금까지의 고생은 모두 헛된 일이 되고 말았습니다. 공부도 마찬가지입니다. 하루도 게을리하지 않고 끝까지 정진해야만 목표한 만큼의 지혜와 깨달음을 얻을 수 있지 않겠습니까?"

　그러자 그는 아무 말도 더 하지 못한 채 그대로 다시 길을 떠나야만 했다.

Question 03

지금 이 순간에 충실하고 있는가?

우리의 최고 영광은 한 번도 실패를 안 했다는 것이 아니라
넘어질 때마다 다시 일어났다는 것에 있다.
_골드 스미스

인터넷에서 아주 흉측하게 생긴 발 사진을 본 적이 있다. 처음에는 희귀병에 걸린 사람의 발이 아닐까? 하고 생각했다. 하지만 사진 밑에 적혀 있는 글을 보고 나서야 비로소 그 발의 주인공을 알 수 있었다. 칡뿌리처럼 거칠고 마른 땅처럼 갈라진 발의 주인공은 바로 축구선수 박지성이었다. 그런데 그 바로 밑에 더 끔찍하게 생긴 사진이 하나 더 있었다. 당연히 다른 축구선수의 발이겠거니 하며 화면을 내렸다. 하지만 놀랍게도 그 발의 주인공은 발레리나 강수진이었다. 독일 슈투트가르트 발레단에 최연소로 입단하고, 발레의 오스카상이라고 불리는 '브누아 드 라 당스' 최고 여성 무용상 수상에 이어 '캄머탠저린(Kammertanzerin, 궁중무용수)'이라는 독일 최고의 작위까지 받은 사람

의 발이라고는 도저히 생각할 수 없었다. 특히 발레리나 하면 아름답고 우아하다는 생각에 발 역시 일반 사람들보다 훨씬 더 예쁠 것으로 생각했기에, 순간 너무나 혼란스러웠다.

두 사람의 발은 우리에게 "뿌린 만큼 거둔다." 라는 진리를 다시 한 번 얘기하고 있다. 만일 그들이 그만큼 땀을 흘리지 않았다면 과연 그 자리에 설 수 있었을까.

땀은 정직하다. 땀을 흘리지 않은 사람에겐 산이 정상을 내주지 않듯, 땀을 흘리지 않은 사람에게 삶은 성공이라는 문을 쉽게 열어주지 않는다. 오직 땀을 흘린 사람에게만 시원한 바람을 내어주고, 노력하는 사람에게만 삶의 정답을 알려준다.

성공과 행복으로 가는 길이 따로 있는 것은 아니다. 땀과 열정, 노력으로 수놓은 길이야말로 성공과 행복한 내일로 가는 가장 빠른 지름길이다. 힘들고 어려운 만큼 보람도 크고 성취감 역시 크기 때문이다. 그런 의미에서 지금 이 순간이야말로 우리 삶에서 가장 중요하고 행복한 시간이라고 할 수 있다. 지금 이 순간을 어떻게 사느냐에 따라 미래가 결정되기 때문이다. 지나간 일에 너무 얽매여선 안 된다. 그것은 이미 흘러가 버렸다. 그뿐만 아니라 누구도 그것을 되돌릴 수 없다. 중요한 것은 지금 바로 이 순간이다. 지금 이 순간에 충실해야 한다.

지금 하지 않으면 영원히 할 수 없다

포기를 모르는 열정의 발레리나 _ 강수진

"고전무용보다는 발레가 어떻겠니?"

"발레요? 과연 제가 할 수 있을까요?"

"넌 충분히 할 수 있을 거야."

우연히 접하게 된 발레 솜씨를 눈여겨본 어머니의 권유로 강수진은 뒤늦게 발레에 뛰어들게 되었다. 하지만 예술중학교에서 발레가 아닌 한국 고전무용을 전공했기 때문에 솔직히 두려움이 앞섰다. 그런 만큼 남보다 더 열심히 노력하고 더 많이 익혀야만 했다.

"난 이제 그만 갈 건데, 넌 더 연습할 거야?"

"응, 먼저 가. 난 조금만 더 연습하고 갈게."

"조금만 더? 조금만 더 한다면서 매일 밤을 새우잖아."

몇 년 후 모나코발레학교를 졸업한 그녀는 뛰어난 실력 덕분에 독일 슈투트가르트 발레단에 입단하게 되었다. 그녀가 처음 맡은 역할은 가장 눈에 띄지 않는 군무 댄서였다.

'내 꿈은 지금보다 더 높은 곳에 있어. 반드시 최고 자리에 오르고 말 거야.'

그녀는 이를 악물고 연습에 연습을 거듭했다. 365일 연습실을 떠나는 날이 없었다. 그런 성실함과 발레를 향한 열정은 6년이라는 시간이 흐른 뒤 마침내 빛을 보게 되었다. 세계 최고 발레단의 주역 무용수 자리에 오른 것이다. 그리고 다시 4년 후 프리마 발레리나로서 슈투트가르트 발레단을 대표하는 상징이 되었다.

하지만 최고의 자리에 오른 후에도 그녀는 절대 초심을 잃지 않았다. 그녀의 연습량은 군무 댄서로 처음 발레를 시작할 때와 똑같았다.

"제가 보기에는 연습이 필요 없을 정도로 완벽한데, 이제 그만 하시죠."

"그렇지 않아요. 토슈즈를 벗는 순간 몸의 유연성은 모두 사라지고 맙니다."

주위에선 그녀에게 연습시간을 줄이라고 했지만, 그녀는 하루도 빠짐없이 매일 10시간 동안 토슈즈를 신고 연습에 매진했다. 어떤 날은 무려 19시간 가까이 춤을 춰서 발레단원들로부터 지독하다는 소리까지 들어야만 했다.

지금까지 그녀의 발끝을 거쳐 간 토슈즈만 해도 수천 켤레에 이른다. 특히 주연으로 발탁된 시즌에는 평균 약 2백50여 켤레의 토슈즈를 사용하기도 했다. 그러다 보니 고운 얼굴과 달리 그녀의 발은 고된 연습을 견뎌내느라 발톱이 갈라지고 곪아서 피투성이가 되기 일쑤였다. 하지만 그녀는 그 발을 부끄럽게 생각한 적이 단 한 번도 없었다.

한 언론과의 인터뷰에서 그녀는 이렇게 말한 바 있다.

"매일 아침 눈을 뜨면 어딘가가 아파요. 아픈 것도 무용수 생활의 일부죠. 하지만 저는 하고 싶은 것을 다 해 보고 최고의 자리까지 누려봤으니 정말 행복한 사람이에요."

2016년 7월 22일 밤, 강수진은 독일 슈투트가르트 오페라하우스에서 공연한 〈오네긴〉을 끝으로 현역 무용수에서 은퇴했다. 1986년 슈투트가르트 발레단에 코르 드 발레로 입단한 지 30년 만이었다.

내일을 위한 긍정적인 인내를 하고 있는가?

열정과 끈기는 보통 사람을 특출하게 만들고
무관심과 무기력은 비범한 이를 보통 사람으로 만든다.
_와드

우리는 끊임없이 누군가로부터 인정받기를 원한다. 이에 "내 재능을 봐 달라.", "내 능력을 활용해달라."며 끊임없이 다른 사람에게 떼쓰며 매달리곤 한다. 물론 자기를 적극적으로 알리는 것은 매우 중요한 일이다. 하지만 그보다 더 중요한 게 있다. 바로 재능과 능력을 키우면서 좋은 때를 기다리는 것이다. 생각해보라. 재능이 탁월하다면, 가히 범접할 수 없을 정도의 능력을 갖추고 있다면, 어느 누가 외면할 수 있겠는가. 아마 먼저 알아보고 고개를 숙일 것이 뻔하다. 하지만 설익은 실력만 믿고 무작정 덤빈다면 오히려 허점만 스스로 인정하는 셈이 되고 만다. 물론 처음부터 누군가로부터 인정받는다면 좋겠지만 그런 일은 절대 쉽게 일어나지 않는 법이다.

누군가는 타고 난 재능이 있을 것이고, 또 누군가는 후천적인 노력의 결과로 얻은 재능이 있을 것이다. 중요한 건 자신의 재능을 썩히지 않고 계발하는 것이다. 그러니 함부로 나서기보다는 누군가가 알아줄 때까지 묵묵히 참고 기다리며 재능과 능력을 한 차원 더 높게 갈고 닦아야 한다.

흔히 낚시하는 사람을 일컬어 '강태공'이라고 한다. 강태공의 본명은 '여상'으로 주나라의 재상이었다. 그는 주나라 문왕의 스승이 되었고, 무왕을 도와서 천하를 평정하는 데 있어 결정적인 역할을 했다. 그러나 그 역시 한때 강에서 낚시질을 일삼으며 시간을 보냈다. 그 세월이 무려 70여 년이었다. 사실 그는 낚시를 한 게 아니었다. 그가 낚고자 했던 것은 물고기가 아닌 제 뜻을 펼칠 수 있게 해줄 수 있는 사람이었다. 이에 강가에서 낚시를 하며 자신을 알아주고, 제 뜻을 이루게 해줄 사람을 묵묵히 기다렸던 것이다.

결국, 그는 제 뜻대로 천하를 평정하는 주인공이 되었다. 그가 그처럼 어려운 시절을 견딜 수 있었던 것은 자기 뜻을 펼칠 시간이 분명히 온다는 것을 알고 철저히 준비했기 때문이다.

고개를 들어 밤하늘을 한번 쳐다보라. 별은 가만히 있어도 스스로 빛나는 법이다.

별은 가만히 있어도 스스로 빛난다

세계적인 성공학의 거장 _ 노먼 빈센트 필

"선생님, 이 원고로는 도저히 책을 낼 수 없습니다. 다른 출판사를 알아보세요."

그는 출판사 편집장으로부터 핀잔을 들었다. 벌써 몇 번째 반복되는 일이었다. 순간, 눈물 한줄기가 마음속으로 흘러내렸다. 몇 년 동안 집안에 틀어박혀 쓴 글이 모두 허사로 돌아갔기 때문이다.

잔뜩 처진 어깨로 돌아온 그를 아내는 반갑게 맞아주었다.

"여보, 출판사에 갔던 일은 잘되었어요?"

"……."

"일이 잘 안 되었나 보군요. 하지만 실망하지 마세요. 분명 당신의 진가를 알아보는 사람이 곧 나타날 거예요."

실망한 마음에 잠을 이루지 못한 그는 다음 날 다른 출판사를 찾았다. 그러나 이번에도 매몰차게 거절당하고 말았다.

'책 한번 내는 게 이렇게 힘들 줄이야.'

잠시 후 그는 마지막이라는 생각으로 또 다른 출판사를 찾았다.

"제가 쓴 원고입니다. 부디, 한 번만 검토해주세요."

"예, 잠시만 기다려주세요."

한참 후 원고 검토가 끝났는지 편집자가 목사에게 다가왔다.

"이런 원고를 누가 읽겠습니까? 어느 출판사에 가도 마찬가지일 것입니다. 괜한 힘 빼지 마시고 그냥 휴지통에 넣어버리세요."

편집자의 매몰찬 말에 그는 아무 말도 할 수 없었다. 그대로 그 자리에서 뛰쳐나올 수밖에.

'힘들게 쓴 원고가 휴짓조각에 불과하다니!'

하늘이 노랗게 보였다. 결국, 그는 절망만 가득 안은 채 다시 집으로 돌아왔다.

"여보, 출판사에 다녀온 일은 잘되었어요?"

하지만 그는 아무 말 없이 휴지통에 원고를 처박고 말았다.

"아니, 여보 왜 그래요? 무슨 일 있었어요?"

"이제 더는 바보처럼 책을 내려고 발버둥 치지 않을 거야. 내 원고가 있어야 할 자리는 바로 여기야."

다음 날, 부인은 남편 몰래 전화번호부를 뒤적거렸다. 그리고 몇 군데 출판사와 통화를 했다. 대부분 거절했지만, 한 출판사가 호의를 보였다.

"남편이 쓴 원고가 있는데 한번 찾아뵈어도 될까요?"

"예, 좋습니다. 편하실 때 아무 때나 오십시오."

얼마 후 부인은 휴지통을 통째로 들고 출판사를 찾았다.

"아니, 웬 휴지통입니까?"

출판사 사장이 의아한 표정으로 물었다.

"사실 남편이 쓴 원고인데, 벌써 여러 출판사로부터 퇴짜를 맞았습니다. 그러다 보니 크게 좌절한 남편이 원고를 이렇게 휴지통에 버리고 말았어요. 그래서 이렇게 휴지통을 통째로 들고 온 것입니다."

"아, 그런 일이 있었군요."

출판사 사장은 원고를 꼼꼼히 읽어보았다. 그리고 어느 대목에 이르러 그의 눈에 반짝하고 빛이 났다.

"아니, 이렇게 훌륭한 원고를 왜 이제야 가져오셨습니까? 당장 저희와 계약하시지요."

그렇게 해서 출간된 책이 바로 《적극적인 사고방식》이다. 책은 출간되자마자 독자들로부터 뜨거운 사랑을 받으며 무려 3천만 권이나 팔리는 기적을 낳았고, 책을 쓴 노먼 빈센트 필 목사는 세계적인 강연가이자 정신적인 멘토로 거듭났다.

Question 05

혹시 꿈을 방치하고 있지는 않은가?

이 세상의 그 어떤 것도 집념을 이길 수는 없다. 재능도, 천재성도, 교육도 집념을 넘어서지 못한다.
목표와 집념만이 모든 것을 가능하기 때문이다.
_ 앙드레 모루아

세상에서 가장 강한 사람은 과연 누구일까. 권력을 가진 사람? 아니면, 돈이 많은 사람? 그것도 아니면, 힘이 센 사람? 물론 그런 사람들도 강한 사람임이 틀림없다. 하지만 '가장'이라는 말을 붙이기에는 뭔가 부족해 보인다.

세상에는 그런 사람들보다 훨씬 더 강한 사람들이 있다. 바로 꿈을 향해 달리는 사람들이다. 꿈이 있는 사람은 그 어떤 어려움도 이겨낼 수 있고, 그 어떤 장애도 건너뛸 수 있으며, 그 어떤 아픔도 견딜 수 있다. 꿈보다 더 강한 것은 없기 때문이다.

꿈은 열정을 낳고, 의욕을 낳으며, 신념을 낳고, 희망을 낳는다.

사실 꿈은 아주 작은 것으로부터 시작된다. 그 때문에 지금 우리 모습이 아무리 초라하고 보잘것없을지라도 꿈이 있다면 아무런 문제가 되지 않는다. 한 걸음 한 걸음이 모여야 산의 정상에 오를 수 있고, 한 방울 한 방울의 물이 모여서 바다를 이루듯, 작은 꿈이 모여서 위대한 꿈을 완성하는 법이다. 그러니 아무리 작은 꿈이라도 함부로 방치하거나 포기해서는 안 된다. 그것이야말로 우리를 이 세상에서 가장 강한 사람으로 만드는 지름길이기 때문이다.

꿈은 열정을 낳고, 신념을 낳으며, 희망을 낳는다

36년 동안 한자사전을 만든 일본의 한문학자 _ 모로하시 테츠지

'아, 마침내 내가 중국에 가는구나!'

모로하시 테츠지는 젊은 시절 중국 철학 문학 연구생으로 선발되어 중국 유학을 떠나게 되었다. 이에 부푼 마음으로 유학길에 올랐지만, 공부하는 내내 많은 큰 불편을 겪어야만 했다. 부실한 한자사전 때문이었다. 그로 인해 그는 귀국 후 제대로 된 한자사전을 만들겠다는 결심을 하게 되었다.

그때부터 그는 서재에 틀어박혀 몇 달씩 밖으로 나오지 않는 날이 많았다. 어느 날, 그의 그런 모습을 지켜보다 못 한 제자 한 명이 조심스럽게 물었다.

"선생님, 가끔 기분전환도 좀 하지 그러세요? 그러다가 병이라도 나면 어쩌려고 그러세요?"

"그래, 고맙네. 하지만 더 부지런해야 제대로 된 한자사전을 하루라도 더 빨리 완성할 수 있다네."

당시 그는 마흔다섯에 한자사전을 만들기 시작해 17년째 그것을 만들고 있었다. 그동안 그는 신문은 물론 TV도 전혀 보지 않았고, 외출역시 하지 않았다. 하루라도 빨리 한자사전을 만드는 것이 훨씬 더 중요했기 때문이다. 이에 식사 시간을 제외하고는 오직 한자사전을 만드는 일에만 몰두하였다.

그러던 어느 날이었다. 마당에서 '쾅'하고 고막이 터질 정도로 큰 폭발음이 들려왔다. 깜짝 놀란 그와 제자들은 황급히 밖으로 뛰쳐나갔다. 마당에 큰 웅덩이가 패 있었고, 서재는 불이 붙어 훨훨 타오르고 있었다.

'안 돼! 서재만은 절대 안 돼!'

그는 당시 세계 2차 대전 중이라는 사실조차 알지 못했다. 결국, 17년 동안 모았던 소중한 자료와 한창 집필 중이었던 한자사전은 그의 눈앞에서 한 줌의 재로 변하고 말았다. 어이없는 광경에 그는 실소를 머금지 못했다. 하지만 그대로 멈출 순 없었다.

'그래 타거라, 훨훨 타거라. 하지만 내 집념까지 불태울 생각은 하지 마라.'

그는 이를 악물고 무너진 서재를 다시 일으켜 세웠다. 그리고 모든 것을 처음부터 다시 시작했다. 자료를 수집하고, 신문을 스크랩하고, 헌책방에서 고서를 구해다가 그 자료를 토대로 한 장 한 장 온 힘을 다해서 다시 집필에 몰두했다.

그렇게 작업은 처음부터 다시 시작되었다. 그러나 몇 년 후 또다시 불행이 그를 찾아왔다. 집필 작업에 눈을 너무 혹사한 나머지 백내장에 걸리고 만 것이다.

'어, 내 눈이 왜 이러지. 눈이 안 보여!'

결국, 그의 오른쪽 눈은 완전히 실명되고 말았다. 왼쪽 눈 역시 바로 앞에 있는 큰 물건만 희미하게 보일 뿐 확대경을 통해서 봐야만 겨우 글자를 읽을 수 있었다. 하지만 그는 결코 멈추지 않았다. 오히려 더 열정적으로 집필에 매달렸다. 그 결과, 마침내 1960년 13권짜리 한자사전을 완성할 수 있었다. 사전을 만들기 시작한지 무려 36년 만의 일이었다.

그가 만든 사전은 지금까지 출간된 한자사전 가운데 가장 크고 완벽한 사전으로 꼽힌다. 이에 한문을 공부하는 사람들은 반드시 그가 만든 사전을 참조할 만큼 유명하다. 이는 36년이라는 그의 노력이 절대 헛되지 않았음을 보여준다.

절망의 힘을 믿는가?

희망은 사람을 성공으로 이끈다.
희망이 없으면 아무것도 성취할 수 없으며, 희망 없이는 우리의 삶이 결코 이루어질 수 없다.
_ 헬렌 켈러

겨울이 추우면 추울수록 봄을 더욱 간절히 기다리게 된다. 마찬가지로 가난과 고난의 시간이 폐부로 파고들면 파고들수록 행복을 더욱 갈망하게 된다. 이렇듯 어둠의 깊이가 깊어졌다는 건 그만큼 희망이 가까워졌다는 증거다. 다행스러운 건 백 개의 절망을 극복하기 위해서 굳이 백 개의 희망이 필요하지 않다는 것이다. 오직 한 개의 희망만으로도 백 개의 절망을 이겨낼 수 있다. 그만큼 희망은 강한 힘을 지녔으며, 전염성이 뛰어나다. 무엇보다도 희망은 우리가 살아가는 이유 그 자체다.

영화 〈록키〉 시리즈의 완결판이라고 할 수 있는 〈록키 발보아Rocky Balboa〉에서 주인공 록키는 한물간 권투선수 취급을 받지만, 또다시 링 위에 오른다. 그가 링에 다시 서는 이유는 결코 챔피언 자리가 탐나서가 아니었다. 희망은 어느 때건, 누구에게나 존재한다는 사실을 다른 사람들에게 보여주고 싶었기 때문이다.

시합을 앞두고 그는 아들에게 이런 말을 건넨다.

"얼마나 강한 펀치를 때리느냐가 중요한 게 아니야. 얼마나 강한 펀치를 맞고도 일어서느냐가 중요한 것이지."

그렇다. 절망 속에서도 희망의 존재를 믿는 것, 그리고 다시 시작할 수 있다고 믿는 것이 중요하다.

절망은 우리를 곤경에 빠뜨리고 힘겹게 만들기 위해서 존재하는 게 아니다. 그것은 우리가 고통 속에서 희망을 발견할 수 있도록 도와주는 매개체에 지나지 않기 때문이다.

정부 보조금으로 딸아이의 분윳값을 대며 겨우 연명하던 조앤 K. 롤링의 삶이 부족함 없이 풍족했다면 과연 세계적인 베스트셀러인 《해리포터》가 나올 수 있었을까. 또 도스토옙스키가 사형 선고를 받고 죽음의 문턱까지 가지 않았다면 그의 위대한 작품을 우리가 과연 볼 수 있었을까.

절망이 그들을 키운 것이고, 절망이 그들에게 기회를 준 것이다. 나아가 절망이 그들의 오늘을 만든 것이다.

살다 보면 절망이 마음의 문 앞에서 서성거릴 때가 있을 것이다. 그럴 때 너무 놀라거나 당황해하지 말자. 절망 뒤에는 반드시 희망이라는 손님이 함께 서 있는 법이니까.

절망 뒤에는 반드시 희망이 함께 있다

크리스마스 캐럴 〈고요한 밤 거룩한 밤〉의 작사가 _ 요제프 모어 신부

크리스마스를 일주일 앞둔 밤이었다.

오스트리아의 한적한 시골 마을인 오베른도르프에 있는 성 니콜라스 성당에 촛불 하나가 밤새도록 켜져 있었다. 성당의 보좌신부인 요제프 모어 신부가 켜놓은 것이었다. 그는 무슨 걱정거리가 있는지 요 며칠 동안 통 잠을 이루지 못했다.

'큰일이네. 성당에 오르간이 하나밖에 없는데, 고장이 났으니 어떡한담? 성탄 미사도 드려야 하고, 아이들과 함께 준비한 성극도 열려면 오르간이 꼭 필요한데…'

답답한 마음에 그는 벌써 몇 시간째 오르간 앞에 앉아 있었다.

'도대체 어디가 고장 난 거야.'

그는 여기저기 살피며 직접 고쳐 보려고 했지만, 고장 난 이유조차 알 수 없었다. 뜯으면 뜯을수록 더욱 복잡해질 뿐이었다.

'돈만 있으면 새 오르간을 살 수 있을 텐데.'

하지만 그것은 불가능에 가까웠다. 시골 성당을 운영하는 것만으로도 너무나 벅찼기 때문이다. 방법이 없었다. 그렇게 한참 동안 뭔가를 생각하던 그는 갑자기 무릎을 꿇었다. 그리고 간절한 마음을 담아 하느님께 기도를 올렸다.

'하느님, 제게 어둠 속에서도 빛을 볼 수 있는 눈을 주십시오. 비록 작은 시골 성당이지만 이곳에는 참으로 아름답고 고귀하며 위대한 영혼들이 많습니다. 부디, 그 영혼들을 보살펴주십시오. 또한, 그들에게 이번 크리스마스가 멋진 추억이 될 수 있도록 도와주십시오.'

기도를 마치자 마음이 한결 가벼워졌다. 분명 좋은 일이 생길 것이라는 믿음이 생겼다. 그는 창가로 다가가서 창문을 열고 마을을 내려다보았다. 어둠에 묻힌 마을은 그야말로 고요하고 아름답기 그지없었다. 간혹 불을 밝힌 집에서 새어 나온 불빛이 반짝거리며 어두운 세상을 밝게 비추는 모습이 참으로 아름다웠다. 순간, 그는 무슨 좋은 생각이라도 났는지 바삐 책상으로 가서 펜을 들었다. 그리고 뭔가를 적기 시작했다.

고요한 밤 거룩한 밤 어둠에 묻힌 밤

주의 부모 앉아서 감사기도 드릴 때

아기 잘도 잔다, 아기 잘도 잔다

고요한 밤 거룩한 밤 영광에 들린 밤……

아침이 되자, 신부는 지난밤에 지은 시를 가지고 성가대 지휘자인 프란츠 그루버를 찾아갔다.

"그루버 씨, 제가 시 한 편을 썼습니다. 부족하지만, 곡을 좀 붙여주세요. 당신의 실력이라면 분명 멋진 곡이 될 겁니다."

이에 그루버는 며칠 동안 작곡에 몰두했고, 크리스마스 날 아침 마침내 곡이 완성되었다.

그날 시골의 한 작은 성당에서는 젊은 신부가 지은 시에 곡을 단 노래가 기타 연주와 함께 아름답게 울려 퍼졌다. 노래를 들은 마을 사람들과 아이들의 입가에는 연신 미소가 퍼졌다. 소박하지만 행복한 크리스마스였다. 그때 한 꼬마가 창밖을 보더니 사람들을 돌아보며 소리쳤다.

"신부님, 눈이에요. 밖에 눈이 내려요."

"그래, 정말 눈이구나. 하나님이 우리에게 멋진 선물을 보내주셨구나. 우리 함께 다시 한 번 노래를 불러볼까?"

이렇듯 시골 성당의 어려움과 사람들을 사랑하는 신부의 마음이

없었다면 〈고요한 밤 거룩한 밤〉과 같은 아름다운 캐럴은 탄생하지 않
았을지도 모른다.

실수를 통해 충분히 배우고 있는가?

우리가 인생에서 저지르는 최고의 실수는
실패를 두려워하여 끊임없이 겁을 먹는다는 것이다.
_ 엘버트 허버드

요즘 사람들치고 조급증에 걸리지 않은 사람은 거의 없다. 그러다 보니 무슨 일이건 빨리빨리 처리하려고 하고, 일에 대한 결과 역시 빨리 들으려고 한다. 왜 그렇게 급한 것일까. 그건 우리가 그만큼 치열한 경쟁 시대에 살고 있다는 방증이다. 더불어 힘겨운 시대를 살아가기 위한, 살아남기 위한 본능일지도 모른다. 다른 사람보다 더 빨리 일을 처리해야만 능력을 인정받을 수 있고, 다른 회사보다 하루라도 더 빨리 신제품을 선보여야만 시장을 선점할 수 있기 때문이다.

사람은 누구나 단점이 있다. 따라서 아무리 완벽해 보이는 사람도 숨기고 싶은 단점이 한두 개는 있게 마련이다. 또한 누구나 실수를 한다. 우리가 알고 있는 뛰어난 위인들 역시 수많은 실수를 저질렀다. 예컨대, 발명왕 에

디슨은 '실수왕 에디슨'으로 바꿔 불러도 될 만큼 수많은 실수를 범했으며, 창조와 혁신의 대가로 불리는 애플의 전설적인 CEO 스티브 잡스 역시 헤아릴 수 없을 만큼 많은 실수를 저질렀다.

하지만 그들은 거기서 멈추지 않았다. 그들은 실수를 통해 삶을 배웠고, 이를 통해 새로운 결과물을 만들었다. 비단 그들만이 아니다. 우리가 존경하고 닮고자 하는 사람들 역시 "어제의 실수가 오늘의 나를 만들었다." 라고 말하곤 한다.

단점을 애써 감추려고 하지 마라. 단점 또한 우리의 일부분이다. 오히려 그 단점을 당당히 밝히고 장점으로 바꿔 나가야 한다. 그 순간, 단점은 더는 단점이 아닌 새로운 개성이나 경쟁력이 될 것이다. 그러나 절대 해서는 안 되는 일이 있다. 바로 다른 사람의 단점을 들추는 것이다. 또한, 내 재능이 다른 사람보다 못하다고 해서 상대방의 재능을 시기하거나 방해해서도 안 된다. 그것은 비겁한 일이기 때문이다. 남을 짓밟고 올라선 사람은 언젠가는 반드시 그대로 되돌려 받게 된다는 사실을 잊어서는 안 된다.

어제의 실수가 오늘의 나를 만든다

대제국을 건설한 위대한 정복자 _ 알렉산더 대왕

그리스, 페르시아, 인도에 이르는 대제국을 건설한 마케도니아 왕, 알렉산더. 그는 사냥을 무척 좋아했지만, 성격이 매우 급한 것이 단점이었다.

"오늘은 어디로 사냥을 갈까?"

"폐하, 오늘은 서쪽으로 가보는 게 어떨까요? 그곳에 토끼가 아주 많다고 합니다."

"토끼? 겨우 토끼 말이오? 난 호랑이를 잡고 싶소. 왕인 내가 토끼나 잡았다고 하면 세상 사람들이 비웃을 것이 틀림없소. 적어도 호랑이쯤은 잡아야지."

"……."

"좋소, 오늘은 그곳으로 갑시다. 호랑이는 나중에 잡고 오늘은 토끼나 잡읍시다."

그렇게 해서 왕은 신하들은 함께 토끼 사냥을 떠났다.

왕의 활 솜씨는 그야말로 대단했다. 재빠르게 움직이는 토끼를 단 한 번의 실수도 없이 화살로 명중시킨 왕은 그날 무려 열 마리의 토끼를 잡았다.

다음 날, 왕은 또 사냥을 떠날 채비를 했다. 그런데 그때 친구로부터 귀한 선물이 도착했다는 소식이 전해졌다.

"폐하, 친구분께서 사냥개 두 마리를 보내왔습니다."

"정말이요? 지금 어디 있소?"

"저기 밖에 묶어놨습니다."

"좋소. 오늘은 그 개들을 데리고 사냥을 떠날 것이니, 어서 준비하시오."

그리고 잠시 후 왕은 신하들과 함께 사냥개 두 마리를 데리고, 다시 사냥을 떠났다.

"오늘은 이 사냥개로 더 많은 토끼를 잡을 테니 두고 보시오."

그런데 그날따라 토끼가 눈에 띄지 않았다. 한참 후 토끼 한 마리가 왕의 눈에 들어왔다. 왕은 황급히 사냥개를 향해 신호를 보냈다.

"어서 가서 저 토끼를 물어오너라!"

하지만 개들은 사냥할 생각이 전혀 없는 듯했다. 토끼가 달아나도

물끄러미 쳐다만 볼 뿐 아무런 움직임이 없었다. 이에 화가 난 왕은 개를 바라보며 이렇게 투덜거렸다.

"토끼 한 마리 잡지 못하는 쓸모없는 사냥개 같으니라고!"

그러자 사냥개를 보낸 친구가 원망스러웠다.

"감히, 나를 놀리다니! 아무리 친구라도 용서할 수 없다. 이런 볼품없는 개를 내게 보내다니!"

이에 성질 급한 왕은 인정 사정 볼 것 없이 개들을 모두 떼려 죽이고 말았다. 그리고 며칠 후 친구를 불러들여 크게 호통을 쳤다. 그러자 친구가 안타까운 표정을 지으며 다음과 같이 말했다.

"폐하, 그 사냥개들은 토끼를 잡기 위해 훈련된 개들이 아닙니다. 호랑이를 사냥하기 위해 오랜 시간 훈련받은 값비싼 개들입니다. 폐하께서 호랑이를 잡기 원하신다고 해서 제가 특별히 준비한 것인데…"

친구의 말을 들은 왕은 고개를 들 수 없었다.

Question 08

초심을 잃지 않고 있는가?

숙고할 시간을 가져라.
그러나 일단 행동할 시간이 되면 생각을 멈추고 돌진하라.
_ **나폴레옹**

우리는 날마다 수많은 선택과 마주하곤 한다. 그리고 그 결과에 따라 다양한 삶의 희로애락을 맛보게 된다. 그것이 바로 선택이 우리에게 주는 선물이자 두려움이다.

뭔가를 처음 선택해야 할 때, 뭔가를 처음 시도할 때, 우리는 두려움에 사로잡히곤 한다. 하지만 실제로 우리가 두려워하는 것이 현실로 나타나는 경우는 매우 드물다. 그런데도 우리가 두려워하는 이유는 '혹시'라는 상상 때문에 두려움이라는 괴물이 마음속에서 더 커지기 때문이다. 그러므로 어떤 일에 앞서 미리부터 두려워할 필요는 전혀 없다.

하루아침에 열매를 맺는 나무는 없다. 좋은 나무가 되고, 맛있는 열매를 맺기 위해서는 거친 비바람을 견뎌내고, 맹수들의 공격을 이겨내야 하며,

시도 때도 없이 찾아오는 가뭄과 홍수를 참아내야만 한다.

성공 역시 마찬가지다. 고통 없는 성공, 노력 없는 성공은 이 세상에 존재하지 않는다. 얼핏 보면, 성공한 사람들이 매우 쉽게 그 자리에 오른 것처럼 보이지만 절대 그렇지 않다. 그 자리에 오르기 위해서 그들은 남모르는 피와 땀을 흘리며 오랜 고통의 시간을 참고 견디어왔기 때문이다.

만일 지금 꿈을 향해 달려가고 있다면 앞만 보고 부지런히 달려가라. 마음이 흐트러진 순간, 꿈은 점점 멀어지게 된다. 처음 마음먹은 꿈과 각오를 한순간도 잊어선 안 된다. 처음 시작했던 열정 역시 버리지 마라. 처음처럼, 늘 변함없이 달리는 사람만이 최고의 자리에 오를 수 있다.

아무도 가지 않은 길은 없다
다만, 내가 처음 가는 길일뿐이다
누구도 앞서가지 않은 길은 없다
오랫동안 가지 않은 길이 있을 뿐이다
두려워 마라, 두려워하였지만
많은 이들이 결국 이 길을 갔다.

- 도종환 〈처음 가는 길〉 중에서

두려움과 당당히 맞서는 사람만이
원하는 것을 얻을 수 있다

공자가 가장 총애했던 제자 _ 안회

중국 춘추전국시대 노나라의 현인 안회가 어느 날 스승 공자를 찾았다.

"스승님, 그동안 잘 지내셨습니까?"

"그래, 오늘은 무슨 화두를 가지고 나를 찾아왔는가?"

"스승님, 제가 며칠 전에 상심이라는 연못을 건넜습니다. 그런데 연못을 건너는 동안 참으로 놀라운 장면을 보았습니다."

"그래, 무슨 일이라도 있었는가? 혹 연못에서 괴물이라도 나온 건가?"

공자가 안회를 바라보며 두 눈을 동그랗게 뜬 채 물었다.

"아, 아, 아닙니다. 그런 게 아니라 사공을 보고 놀랐습니다."

그러자 공자가 고개를 갸우뚱거리며 되물었다.

“사공을 보고 놀랐다니. 혹 그 사공이 신통한 재주라도 지니고 있던 가?”

“예, 사공의 노 젓는 솜씨가 뭐라 말할 수 없을 만큼 뛰어났습니다. 사공이니까 일견 당연한 일이겠지만 그 솜씨가 너무 뛰어나 부러울 정도였습니다.”

“멋진 사공을 만났나 보군. 그래, 그런 멋진 사공을 만났다는 건 참으로 복된 일이지. 그나저나 그 얘기를 들으니 사공의 솜씨가 얼마나 뛰어난지 나 역시 매우 궁금하군.”

“정말이지 상상할 수 없을 정도였습니다.”

“그런데 뭐가 그렇게 놀랍다는 것인가?”

“제가 노 젓는 법을 배우고 싶어서 사공에게 다가가 그 비법을 알려 달라고 했더니, 도저히 이해할 수 없는 어려운 말을 하지 뭡니까.”

“이해할 수 없는 어려운 말이라. 도대체 사공이 뭐라고 했는가?”

“사공은 헤엄을 칠 줄 아는 사람은 몇 번 만에 노 젓는 법을 배울 수 있다고 했습니다. 그리고 또 깊은 물에 잠수를 잘하는 사람은 배를 본 적이 없더라도, 또 노를 한 번도 잡아본 적이 없더라도 금방 배울 수 있다고 했습니다. 스승님, 과연 배도 안 본 사람이 그렇게 쉽게 노 젓는 법을 배울 수 있을까요? 무엇보다도 그게 가능한 일입니까?”

공자는 그제야 사공이 한 말이 무슨 뜻인지 알았다는 듯 미소를 지었다.

"스승님, 그렇게 웃지만 마시고 제발 그 뜻을 가르쳐주십시오."

"사공이 말하고자 했던 것은 두려움에 관한 것이네. 잘 생각해보게. 헤엄을 잘 치는 사람이나 잠수를 잘하는 사람은 결코 물을 두려워하지 않는 법이네. 그 때문에 설령 배가 뒤집힌다고 해도 문제가 될 게 없지. 그러나 물을 두려워하는 사람은 아무리 열심히 노 젓는 법을 배운다고 해도 그 실력이 좀체 늘지 않는 법이야. 배가 뒤집히면 어떡하나? 하는 두려움 때문에 배움에 집중을 할 수 없기 때문이지. 그런 이유로 사공은 두려움이 없는 마음이야말로 노를 가장 잘 젓는 비법이라고 말한 것일세."

그제야 안회는 사공의 말을 이해할 수 있었다.

미련 없이 모든 것을 내려놓을 수 있는가?

집착을 버려라.
그러면 세상에서 가장 부유한 사람이 될 것이다.
_ 세르반테스

자기에게 주어진 부귀영화를 뒤로하고 훌훌 떠난다는 건 절대 쉬운 일이 아니다. 마찬가지로 아직 능력이 충분한데도 후배들에게 길을 내어주기 위해서 자기 능력을 낮추고 감추는 건 아무나 할 수 있는 일이 아니다.

생각건대, 욕심을 잠재우고, 욕망을 억누르며, 모든 것을 다 내줄 수 있는 삶처럼 고귀하고 아름다운 삶은 없을 것이다. 그래서 이형기 시인은 〈낙화〉라는 시에서 이렇게 말했는지도 모른다.

가야 할 때가 언제인가를
분명히 알고 가는 이의

뒷모습은 얼마나 아름다운가.

이 시를 접할 때마다 지난 삶을 되돌아보게 된다. 그리고 과연 나는 손아귀에 쥐어진 욕심과 욕망, 물질을 놓아야 할 때 미련 없이 놓을 수 있을까? 라는 생각을 하곤 한다.

과연 이 세상에 나 아닌, 내가 전혀 모르는 다른 사람에게 아무런 대가 없이 내가 가진 모든 것을 나눠주고 떠날 수 있는 사람은 얼마나 될까.

우리는 흔히 이별 앞에서 쉽게 망가지곤 한다. 하지만 아무리 붙잡으려고 발버둥 친들 한번 떨어진 마음은 다시 주워 담기 힘든 법이다. 그러고 보면 이별처럼 쓸쓸하고 안타까운 일도 없다. 하지만 되돌릴 수 없는 상황이라면, 더욱이 그것이 옳고 바른 일이라면 미련 없이 뒤돌아설 줄도 알아야 한다.

뒷모습이 아름다운 사람이 되라

일본에서 가장 존경받는 기업가 _ 혼다 소이치로

"나는 본래 기술자고 기계장이네. 돈에 관해서는 아무것도 몰라. 그러니 자네가 돈에 관한 부분을 좀 맡아주게. 경리나 영업 같은 것 말일세. 어떤가, 나랑 함께할 수 있겠나?"

혼다 소이치로가 오토바이를 조립하면서 옆에 서 있던 후지사와 타케오를 향해 말했다.

"좋습니다. 당신이라면 믿고 함께 할 수 있을 것 같습니다."

후지사와가 그 옆에 쪼그려 앉으며 말했다.

"그럼, 우리 열심히 한번 해보세. 나는 세상에서 최고로 좋은 기술을 지원할 테니, 자네는 내 기술을 세계 시장에 팔아 최고의 회사를 만들어주게."

"알겠습니다. 반드시 그렇게 하도록 하겠습니다."

두 사람은 굳은 악수를 나누었다. 그렇게 해서 두 사람의 동업이 시작되었다.

그 후 혼다는 기술 개발에 몰두하며 공장에서 거의 모든 시간을 보냈다. 어떤 날은 온종일 굶어가며 기술 개발에만 매달리기도 했다. 후지사와 역시 가만히 앉아있지만은 않았다. 여기저기 돌아다니면서 자금 조달에 힘을 쏟았다. 그 결과, 작지만 알찬 회사의 면모를 점점 갖춰갔다. 그리고 마침내 두 사람의 노력은 결실을 보았다. 아주 우연한 기회에 혼다가 멋진 제품을 만드는 데 성공했기 때문이다. 그 계기는 아주 사소한 것에서 시작되었다.

어느 날 그는 땀을 뻘뻘 흘리면서 자전거를 끌고 고개를 넘어오는 아내를 보았다.

'어떻게 하면 힘들지 않고 저 고개를 넘어올 수 있을까?'

그때 문득 좋은 아이디어가 떠올랐다.

'그래, 바로 그거야. 자전거에 작은 모터를 다는 거야.'

그날부터 그는 모터를 단 자전거를 설계하고 연구했다. 그리고 실패에 실패를 거듭하면서 마침내 작은 모터를 단 자전거를 개발하는 데 성공했다.

"여보, 이걸 한번 타 봐."

"예, 그게 뭐예요?"

“당신을 위해서 내가 만든 거야.”

“정말이요? 여보 고마워요.”

잠시 후 엔진 소리와 함께 모터 자전거가 출발했고, 아내는 아주 편하게 고개를 넘을 수 있었다.

“됐어! 바로 이거야. 안장을 넓히고 모터를 조금 손보면 자동차 못지않은 훌륭한 차가 될 수 있을 거야.”

그렇게 해서 최초의 오토바이가 탄생하게 되었다.

“후지사와, 결국 우리가 해냈어! 모두 우리가 만든 오토바이에 열광하고 있다고.”

이후 회사는 급성장했고, 두 사람은 오토바이에 만족하지 않고 자동차 사업에도 도전해서 큰 성공을 일궈내었다.

세월이 흘러 혼다와 후지사와는 쉰 살을 훌쩍 넘었다. 어느 날, 젊은 엔지니어 한 명이 혼다를 찾아왔다.

“사장님, 드릴 말씀이 있습니다.”

“그래, 무슨 말인가? 어서 말해보게.”

“저는 사장님의 기술을 아주 높이 평가합니다. 그러나 이제 공랭식 엔진보다는 수랭식 엔진을 도입해야 한다고 생각합니다.”

“수랭식 엔진? 그 이유가 뭔가?”

“공랭식 엔진은 이제 더는 경쟁력이 없습니다. 앞으로는 환경까지 생각하는 기술이 필요합니다. 그 때문에 공랭식보다는 수랭식 같은 저공해 엔진을 연구해야만 합니다."

젊은 사원의 말을 들은 혼다는 고개를 끄덕였다.

"듣고 보니 자네 말이 옳네. 우리 회사의 경쟁력을 높이려면 자네 말대로 한발 앞서 생각해야지. 자네 같은 사람이 있어서 아주 든든하네."

그때부터 그는 자기보다 더 유능하고 젊은 직원들에게 더 많은 기회를 줘야겠다고 생각했다. 이에 얼마 후 사장 자리에서 물러나기로 마음먹었고, 부사장인 후지사와 역시 그와 함께 퇴임하기로 했다.

"후지사와, 정말 괜찮겠나?"

"예, 사장님. 전 이만하면 되었습니다. 적당할 때 떠나야지요."

"고맙네, 후지사와. 내 인생은 참으로 행복했네. 그리고 그 행복의 반이상은 자네가 채워줬지."

"별말씀을요. 저도 사장님과 함께할 수 있어서 너무 행복했습니다. 그동안 정말 감사했습니다."

"그나저나 우리 인생도 이만하면 괜찮지 않았나?"

"그럼요. 이만하면 성공한 셈이죠."

그렇게 해서 혼다 소이치로와 후지사와 타케오는 세계 제일의 자동차 회사를 만든 후 후배들을 위해 기꺼이 모든 것을 양보하고 회사를 떠났다.

THINK MORE DEEPLY

Question 01 하고 싶은 일에 모든 것을 걸어보았는가?

간혹 본인의 한계를 뛰어넘는 놀라운 능력을 발휘한 사람들의 이야기를 접하곤 한다. 하지만 그들에게 열정이 없었다면 과연 그런 일이 가능했을까. 하고 싶은 일에 목숨을 걸어야 한다. 목숨을 걸고 덤비면 그 누구도 막을 수 없기 때문이다.

Question 02 실패를 너무 두려워하고 있지는 않은가?

삶에 정상이란 없다. 늘 새로움에 도전하고 끊임없이 노력해야만 한다. 따라서 시련이 왔다고 해서 슬퍼하거나 좌절하기보다는 다시 도전할 기회를 얻었다고 생각하는 것이 좋다.

Question 03 지금 이 순간에 충실하고 있는가?

땀과 열정으로 수놓은 길이야말로 성공과 행복한 내일로 가는 가장 빠른 지름길이다. 그런 점에서 지금 이 순간이야말로 우리 삶에서 가장 중요하고 행복한 시간이라고 할 수 있다. 지금 이 순간을 어떻게 사느냐에 따라 미래가 결정되기 때문이다.

Question 04 내일을 위한 긍정적인 인내를 하고 있는가?

우리는 끊임없이 누군가로부터 인정받기를 원한다. 하지만 설익은 실력만 믿고 무작정 덤빈다면 오히려 허점만 스스로 인정하는 셈이다. 중요한 건 자신의 재능을 썩히지 않고 계발하는 것이다. 그러니 함부로 나서기보다는 누군가가 알아줄 때까지 묵묵히 참고 기다리며 재능과 능력을 한 차원 더 높게 갈고 닦아야 한다.

Question 05 혹시 꿈을 방치하고 있지는 않은가?

꿈은 아주 작은 것으로부터 시작된다. 그 때문에 아무리 초라하고 보잘것없을지라도 꿈이 있다면 아무런 문제가 되지 않는다. 그러니 아무리 작은 꿈이라도 함부로 방치하거나 포기하지 마라. 그것이야말로 우리를 가장 강한 사람으로 만드는 지름길이다.

Question 06 절망의 힘을 믿는가?

겨울이 추우면 추울수록 봄을 더욱 간절히 기다리듯 가난과 고난의 시간이 폐부로 파고들면 파고들수록 행복을 더욱 갈망하게 된다. 또한 어둠의 깊이가 깊어졌다는 건 그만큼 희망이 가까워졌다는 증거다.

Question 07 실수를 통해 충분히 배우고 있는가?

사람은 누구나 실수를 한다. 우리가 알고 있는 뛰어난 위인들 역시 수많은 실수를 저질렀다. 하지만 그들은 거기서 멈추지 않았다. 그들은 실수를 통해 삶을 배웠고, 이를 통해 새로운 결과물을 만들었다.

Question 08 초심을 잃지 않고 있는가?

처음 마음먹은 꿈과 각오를 한순간도 잊어선 안 된다. 처음 시작했던 열정 역시 버리지 마라. 처음처럼, 늘 변함없이 달리는 사람만이 최고의 자리에 오를 수 있다. 마음이 흐트러진 순간, 꿈은 점점 멀어지게 된다.

Question 09 미련 없이 모든 것을 내려놓을 수 있는가?

지금 손아귀에 쥐어진 욕심과 욕망을 미련 없이 내려놓을 수 있는가? 욕심을 잠재우고, 욕망을 억누르며, 모든 것을 다 내줄 수 있는 삶처럼 고귀하고 아름다운 삶은 없다.

나는 천천히 가는 사람입니다

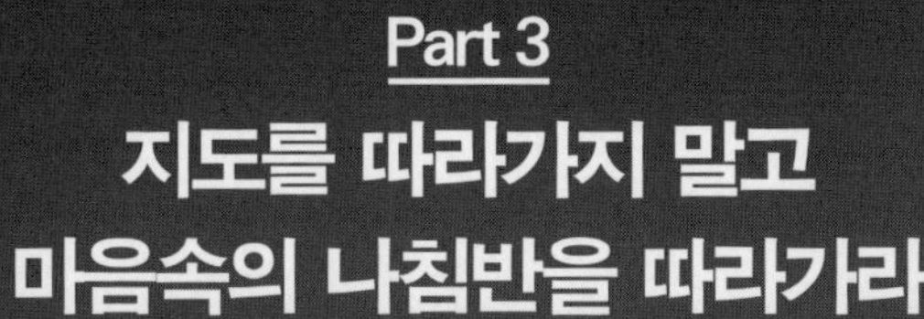

지도를 따라가지 말고
마음속의 나침반을 따라가라

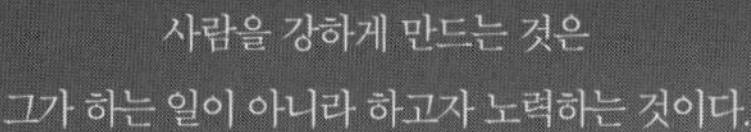

사람을 강하게 만드는 것은
그가 하는 일이 아니라 하고자 노력하는 것이다.

_벤자민 프랭클린

내게 상처 준 사람을 용서할 수 있는가?

인간을 사랑할 것. 아무리 나약한 인간이나 초라하고 불쌍한 인간도 사랑할 것.
그리고 그들을 심판하지 말 것.
_ 생텍쥐페리

큰 상처를 받거나 불이익을 당했을 때 가장 먼저 드는 생각 중 하나가 바로 보복이다. 자기가 당한 만큼 똑같이 되돌려주겠다며 이를 박박 갈며 분노의 주먹을 불끈 쥐는 것이다. 하지만 보복을 한들 무슨 소용이 있겠는가. 보복했다고 해서 이미 받은 상처가 사라지는 것도 아닐뿐더러 자기 명예가 다시 회복되는 것도 아닌 데 말이다. 오히려 보복을 준비하는 과정에서 마음의 괴로움이 더욱 요동칠 것이고, 상처가 더 깊게 곪아 문드러질 것이 틀림없다. 또한, 보복은 더 큰 보복을 낳을 뿐이다.

많은 사람이 간과하고 있는 사실이 하나 있다. 그것은 바로 최고의 보복은 용서라는 것이다.

고등학교 시절 친구와 말다툼 끝에 치고받고 싸운 일이 있다. 다른 아이들은 환호성을 지르며 우리가 싸우는 걸 신나게 구경하기에 바빴다. 하지만 그것도 잠시. 우당탕 책걸상이 넘어지는 소리와 아이들이 내지르는 소리를 듣고 체육 선생님이 황급히 교실로 달려왔고, 우리는 싸움을 멈춘 채 선생님을 따라가야만 했다.

나와 친구는 끌려가는 내내 두려움에 떨어야만 했다. 그도 그럴 것이 선생님은 전직 국가대표 태권도 선수였다.

선생님은 강당 앞에 우리 둘을 세워놓고, 내게 먼저 강당 안으로 들어오라고 손짓했다. 순간, '죽었구나!' 라는 생각이 들었다. 하지만 이는 기우에 불과했다.

선생님은 강당 한가운데 나를 세워놓고 친구를 향해 실컷 욕을 하라고 했다. 나는 이때다 싶어서 큰소리로 친구를 향해 욕을 마구 퍼부었다. 이내 강당 안은 내가 뱉은 욕으로 가득 울려 퍼졌다. 그런데 이상하게도 그 울림이 마치 나 자신을 향해 욕하는 것처럼 들려왔다.

잠시 후 이번에는 친구가 강당 안으로 들어갔다. 친구 역시 나와 똑같은 방법으로 나를 향해 욕을 퍼부었다.

선생님은 우리를 향해 이렇게 말씀하셨다.

"이걸로 두 사람의 싸움은 끝났다. 그러니 지금까지의 미움이나 원망도 모두 함께 버려라. 하나에서 열까지 다 용서하란 말이야. 알겠어?"

그 일이 있고 난 뒤 나와 친구는 둘도 없는 단짝이 되었다. 그리고 남을 욕하면 그게 메아리가 되어 더 크게 돌아온다는 사실도 깨달았다.

사실 용서가 그리 쉬운 일은 아니다. 그래도 용서를 해야 한다. 용서는 남을 위한 일이기도 하지만 결국 나 자신을 위한 일이기 때문이다.

살다 보면 누구나 한두 번은 큰 실수나 잘못을 저지르게 마련이다. 그럴 때는 괜히 손바닥으로 하늘을 가리는 것보다 솔직하게 실수나 잘못을 인정하고 상대에게 진심으로 용서를 구하는 것이 좋다. 그래야만 상대의 마음의 문이 열리고 '그럴 수도 있겠구나'라는 이해의 마음 역시 생기기 때문이다.

오늘 밤, 잠자리에 들기 전에 자기 마음속을 가만히 들여다보자. 혹시 누군가에게 미처 용서를 구하지 못한 일이 있는지, 아직도 용서하지 못한 일이 있는지 조용히 자기를 한번 돌아봤으면 한다. 누구도 아닌 자기 자신을 위해서.

용서하라! 그러면 행복해진다

교향악을 창시한 피아노의 왕 _ 프란츠 리스트

헝가리 출신의 세계적인 피아니스트이자 낭만파 음악의 대표적 연주자인 프란츠 리스트. 그는 '교향시'라는 새로운 장르를 창시해 관현악 분야에 큰 화제를 불러일으킨 혁신적인 음악가로 유명하다. 그가 어느 시골 마을에 들렀을 때의 일이다.

마을 입구에서 자신의 이름이 적힌 피아노 독주회 포스터를 발견한 그는 깜짝 놀라 발걸음을 멈추었다. 포스터에 나온 여자 피아니스트가 자신의 제자라는 문구가 크게 적혀 있었기 때문이다.

'뭐, 내 제자라고? 도대체 누구지. 나는 이런 제자를 둔 적이 없는데…'

그는 고개를 내저으며 몹시 불쾌한 표정을 지었다.

'내 명성을 이용해서 공연하려는 게 분명해!'

그런데 그날 밤, 어떤 여자가 그를 찾아왔다. 그녀는 자신이 포스터의 주인공이라며 그를 보자마자 무릎 꿇고 눈물을 흘리면서 잘못을 간곡히 빌었다.

"선생님, 죄송합니다. 아버지의 병원비를 마련하기 위해 선생님 제자라는 거짓말을 하고 말았습니다. 그렇지 않으면 사람들이 아무도 연주회에 오지 않을 테니까요. 정말 죄송합니다. 지금 당장 포스터를 떼고 공연을 취소하도록 하겠습니다."

리스트는 그제야 그 사정을 이해할 수 있었다. 그리고 이내 환한 미소를 지으며 이렇게 말했다.

"공연을 취소하다니요. 무슨 일이 있어도 공연은 해야 합니다. 공연을 위해서 많은 땀을 흘렸을 텐데, 공연을 취소하다니 말도 안 됩니다. 더욱이 아버지의 병원비도 벌어야 한다면서요. 하지만 그렇다고 해서 사람들을 속여서는 안 됩니다. 내 제자도 아니면서 제자라고 속인 건 분명 잘못된 일입니다. 아무리 음악이 뛰어나면 뭐합니까? 도덕적으로 깨끗하지 못하면 그건 아무런 의미가 없습니다. 우리 이렇게 합니다. 내가 지금부터 당신을 지도해줄 테니, 당신은 나의 제자가 되어주세요."

"저, 저, 정말이세요, 선생님? 정말 감사합니다. 이 은혜 평생 잊지 않겠습니다."

"아닙니다. 좋은 제자가 한 명 더 생겨서 오히려 제가 더 기분이 좋은 걸요."

리스트는 즉시 여자에게 연주법을 지도하기 시작했다.

"자, 한 번 연주해보세요."

여자는 세계적인 피아니스트 앞에서 연주한다는 게 무척 떨렸지만, 최선을 다해 연주했다.

"아주 잘하는군요. 그러나 이 부분에서는 더 강하게 치는 게 좋을 것 같습니다. 그 부분만 보완하면 청중들에게 충분히 감동을 줄 수 있을 것입니다. 이제 당신은 내 제자입니다. 그러니 더는 부담을 갖지 말고 마음 편하게 연주하세요."

이윽고 여자의 뺨에 한줄기 눈물이 흘러내렸다. 자신의 잘못을 너그럽게 용서해주고, 심지어 거짓말을 한 자신을 제자로 삼아준 그가 너무도 고마웠기 때문이다.

Question 02

삶을 자극하는 라이벌이 있는가?

사람을 강하게 만드는 것은
그가 하는 일이 아니라 하고자 노력하는 것이다.
_ 벤자민 프랭클린

살다 보면 라이벌이 한두 명쯤 생기게 마련이다. 라이벌은 성장을 위한 강한 자극제다. 서로를 의식하고, 선의의 경쟁을 펼치는 과정에서 잠재력을 폭발시키는 좋은 계기가 되기 때문이다. 그러나 라이벌이 나보다 좀 못하다면 신경이 덜 쓰이지만 나보다 더 잘나고 능력이 뛰어나면 여간 신경이 쓰이는 게 아니다. 하나에서 열까지 모든 일에 비교가 된 나머지 괜히 주눅이 들기도 하고, 심한 경우 미움과 질투, 증오의 감정이 싹트기도 하기 때문이다.

중요한 것은 그다음이다. 어리석은 사람은 끝까지 라이벌을 경계하고 뒤에서 헐뜯으며 그가 추락하기만을 기다리지만, 현명한 사람은 미움과 질투, 증오의 감정을 접고 오히려 배움의 기회로 삼는다. 이에 왜 다른 사람들이 그를 인정하고 존중하는지, 그의 장점은 과연 무엇인지 끊임없이 연구하고 노력해서 자신의 발전 모델로 삼는다. 또한, 그들은 라이벌을 반목과 대립의 대상이 아닌 자기의 발전을 위한 채찍이자 자극제로 생각한다. 그 결과, 라이벌과 더불어 더욱 성장할 수 있게 된다.

"세 사람이 함께 길을 가면 반드시 나의 스승이 있으니, 좋은 사람을 가려 그를 따르고, 좋지 않은 사람의 행동은 거울삼아 나의 행동을 고치도록 한다."라는 공자의 말이 있다. 이는 "배우고자 한다면 천지 만물 중 스승 아닌 것이 하나도 없다."라는 말과도 일맥상통한다. 즉, 모든 사람이 스승이며, 온갖 물건이 스승이란 말이다. 예컨대, 바람에 흔들리는 갈대를 보면 유연함을 배울 수 있고, 젖먹이 어린아이를 보면 활짝 웃는 긍정의 마음을 배울 수 있다. 심지어 누군가는 우스갯소리로 도둑에게도 배울 게 있다고 말하기도 했다.

한순간도 배움에 대한 열망을 잃지 않아야 한다. 다른 사람의 장점을 나의 단점을 보완하는 데 활용할 줄 아는 현명함을 지녀야 하며, 물질에 대해서 너무 집착하지 말고, 마음의 창고에 지식과 지혜를 쌓는데 더 많은 욕심을 내야 한다. 나아가 많이 배웠다고 해서 으스대거나 다른 사람을 결코 무시해서는 안 된다. 겸손함이 없는 지식은 아무 소용이 없기 때문이다.

라이벌이 있음에 감사하라

20세기 가장 위대한 첼리스트 _ 그레고르 피아티고르스키

어떤 분야에서 최고의 자리에 오른 사람 역시 햇병아리 시절이 있는 법이다.

세계적인 첼리스트 피아티고르스키가 생애 처음으로 연주회를 가졌을 때의 일이다. 누구나 마찬가지지만, 처음이란 항상 사람을 긴장시키고 흥분하게 만드는 속성이 있다. 그 역시 마찬가지였다. 더욱이 데뷔 무대였기에 심장이 타들어 가는 듯한 긴장을 느꼈다.

'과연 내가 잘할 수 있을까. 혹시 실수라도 하게 되면 어떻게 하지.'

그는 긴장감을 없애기 위해서 대기실 거울을 보며 수없이 자기 자신을 격려하고 '잘할 수 있다'는 마법의 주문을 외웠다.

'잘할 수 있어. 난 잘할 수 있어.'

잠시 후 그는 관객들의 우레와 같은 박수 소리를 들으며 무대에 올랐다. 하지만 여전히 긴장되기는 마찬가지였다. 이에 그는 깊은숨을 내쉬며 마음을 가다듬었다.

'신이시여, 이번 공연을 무사히 마칠 수 있도록 잘 보살펴주십시오.'

그는 애써 여유로운 모습을 보이며 관객들을 향해 인사를 건넸다. 그런데 그 순간, 깜짝 놀라고 말았다.

'아, 아니, 저분이 웬일로 여기에.'

맨 앞자리에 세계적인 첼리스트 카살스가 앉아 있었던 것이다. 순간, 가까스로 찾은 마음의 여유가 다시 긴장감으로 바뀌었다.

'아무리 내가 연주를 잘한다고 해도 저분에게는 어린아이의 장난처럼 들릴 텐데. 이 일을 어떡하지.'

그는 몹시 주눅이 들었지만, 공연을 망칠 수 없었기에 최선을 다해서 연주했다. 하지만 여러 곳에서 실수를 범하고 말았다. 그런데도 관객은 그에게 아낌없는 박수를 보냈다. 카살스 역시 열렬하게 박수를 보냈다. 그러나 정작 본인은 전혀 즐겁지 않았다. 카살스의 박수가 오히려 비웃음으로 들렸기 때문이다.

'이번 공연은 망쳤어! 난 이제 끝이야. 카살스는 분명 내 연주 실력이 형편없다고 생각했을 거야. 속으로 얼마나 나를 비웃었을까.'

그는 얼굴을 푹 숙인 채 도망치듯 무대 밖으로 뛰쳐나갔다.

그 후 그는 오랫동안 첫 연주회의 악몽에서 벗어나지 못했다. 그러나 삶은 경험을 통해 발전한다고 하지 않던가. 그는 모든 것을 잊고 다시 연습에 연습을 거듭했다.

그러던 어느 날, 한 파티에서 카살스와 다시 만나게 되었다. 카살스를 향해 그가 나지막이 물었다.

"첫 연주회 때 제 연주는 한마디로 엉망이었습니다. 그런데 당신은 왜 그토록 제게 열렬히 박수를 보냈던 겁니까?"

그러자 카살스가 머리를 긁적거리며 대답했다.

"제가 그랬던가요? 너무나 오래전 일이라 잘 기억나지 않습니다만, 한 가지 확실한 건 그때 당신의 연주는 정말 훌륭했다는 것입니다."

"훌륭했다고요? 그때 저는 실수를 아주 많이 했습니다. 그 일로 인해 제가 얼마나 괴로워했는지 아십니까? 그 공연은 완전히 엉망이었습니다."

"아닙니다, 정말 훌륭했어요. 당신은 내가 아주 오랫동안 고민하던 음을 정말 훌륭하게 연주해냈어요. 그래서 진심으로 당신에게 박수를 보낸 것입니다. 당신 덕분에 난 그 날 이후 그 음을 전보다 더 훌륭하게 연주할 수 있게 되었으니까요. 그 날은 당신이 내 스승이었소. 늦었지만 지금이라도 고맙다는 말을 전하고 싶소."

"아닙니다, 고맙기는요. 그렇게 좋게 봐주셔서 제가 몸 둘 바를 모르겠습니다."

다른 사람의 실수보다는 장점만 보려고 하고, 언제나 배우려는 자세를 가진 카살스의 태도에 피아티고르스키는 깊은 감동을 받았다. 그 후 그는 마음의 귀를 열고 사람들에게 배울 것이 있으면 기꺼이 고개를 숙이는 사람이 되었다.

Question 03

단 한 번이라도
다른 사람의 마음을 채워본 적이 있는가?

행복은 입맞춤과 같다.
행복을 얻기 위해서는 누군가에게 행복을 주어야만 한다.
_ 디어도어 루빈

몇 년 전 어느 겨울날, 광화문에 있는 한 서점에서 독특한 제목의 책을 발견한 적이 있다. 탤런트 김혜자 씨가 쓴 《꽃으로도 때리지 마라》라는 책이었다. 처음에는 제목에 이끌려 책을 펼쳐보았지만, 한 줄 한 줄 읽다 보니 쉽사리 책을 내려놓을 수가 없었다. 그래서 한쪽 모퉁이에 쪼그려 앉은 채 계속 책을 읽었다. 하지만 책을 읽는 내내 마음의 눈물이 일렁거리고 얼굴이 화끈거려서 매우 혼이 났다. 이 세상에는 참으로 고통받는 사람들이 많다는 사실과 함께 그들을 위해서 나는 지금껏 뭘 한 것일까? 라는 자괴감이 수없이 교차했기 때문이다. 급기야 장롱 밑으로 굴러들러 간 100원짜리 동전 하나가 누군가에게는 허기를 달랠 수 있는 한 끼의 밥이 될 수 있고, 다 쓰지 않고 버린 노트 한 권이 어떤 이에게는 가장 받고 싶은 선물이 될 수도 있음을 깨닫게 되었다.

그렇게 따뜻한 가슴을 안고 서점을 나와서 집으로 가려고 지하보도를 지날 때였다. 한쪽 구석에 앉아서 구걸하는 할머니 한 분이 눈에 띄었다. 여느 때 같으면 그냥 지나쳤겠지만 그 날만은 도저히 그럴 수 없었다. 이에 만 원짜리 한 장과 천 원짜리 세 장을 할머니 손에 꼭 쥐여 드렸다. 주머니에 있던 동전 몇 개도 함께.

왠지 그러고 싶었다. 그렇게 해서라도 지난날 다른 사람에 대한 무관심의 죄를 씻어내고 싶었기 때문이다. 그런데 그만 문제가 생기고 말았다. 집에 갈 차비가 없었던 것이다. 할 수 없이 옷깃을 세운 채 집까지 터벅터벅 걸어와야만 했다. 어찌나 바람이 차갑던지 얼굴이 다 시렸다. 그러다 보니 아주 잠깐이지만, 차비는 남겨둘 걸 하는 생각도 들었다. 하지만 뭔지 모를 포근하고 따뜻한 것이 가슴속 가득 넘쳐흘렀다.

그렇게 해서 족히 두 시간은 넘게 걸어서 집에 도착한 후 곧바로 쓰러지고 말았다. 하지만 기침 때문에 쉽사리 잠을 이룰 수 없었다. 찬바람을 뚫고 걸어오느라 감기에 걸린 것이다. 그래도 마음만은 참 따뜻했다.

행복의 완성은 나를 채우는 것이 아닌 다른 사람의 마음을 채우는 것이다. 우리가 돈이 많은 부자보다는 마음이 더 행복한 사람이 되어야 하는 이유가 바로 여기에 있다.

A slow walker 03

행복의 완성은 내가 아닌
다른 사람의 마음을 채우는 것

대를 이은 아름다운 나눔의 철학 _ 유일한, 유재라

"도착할 때가 되었는데 왜 이렇게 안 오지?"

"그러게 말이에요."

1991년 4월, 김포공항은 누군가를 기다리는 사람들로 몹시 붐볐다. 모두 초조한 마음을 감추지 못한 채 몇 시간째 누군가를 기다리고 있었다.

"어, 문이 열렸다. 저게 맞는 것 같은데."

순간, 그곳에 있던 사람들은 모두 숙연해졌다. 유해를 담은 관 하나가 대기실로 막 들어서고 있었기 때문이다. 그 유해의 주인공은 〈유한양행〉을 설립한 고 유일한 박사의 딸 유재라 여사였다. 유해 앞에 선 사람들은 모두 고개를 숙인 채 고인의 명복을 빌었다.

유재라 여사는 아버지 유일한 박사가 살아있을 때 늘 존경의 눈빛으로 아버지를 바라보곤 했다. 그녀가 보기에 아버지는 다른 사람과 확실히 달랐다. 자신이 평생 모은 돈을 한순간의 망설임도 없이 가난하고 헐벗은 사람들을 위해 기부했기 때문이다. 그러니 누구라도 존경할 만했다.

아버지가 자신에게 단 한 푼의 유산도 남겨주지 않는 것에 대해 처음에는 약간 서운한 마음도 있었지만 그건 아주 잠시에 불과했다. 그녀 역시 결국 아버지와 같은 길을 가고자 했기 때문이다.

'보란 듯이 성공해서 통 크게 기부하고 말 거야. 적어도 아버지 이름 앞에 부끄러운 딸은 되지 말아야 해.'

그녀는 한시도 이 생각을 잊지 않았다.

미국에서 대학을 졸업한 그녀는 사업에 매진하였다. 하루하루 힘든 생활의 연속이었지만 마음만은 행복하기 그지없었다. 이 모든 것이 누군가에게 되돌아갈 것으로 생각했기 때문이다. 그 결과, 얼마 되지 않아 꽤 많은 재산을 모을 수 있었다.

많은 사람이 유해와 함께 도착한 그녀의 유언장에 관심을 보였다.

"과연, 유언장에 뭐라고 적혀 있을까?"

"평소 여사님의 말씀과 행동으로 봐서는 아버지인 유일한 박사처럼 전 재산을 사회에 기부했을 게 틀림없어."

"그래, 맞아 틀림없이 그랬을 거야."

　잠시 후, 그녀의 유언장이 마침내 공개되었다. 유언장에는 사람들의 예상대로 200억에 달하는 전 재산을 불우한 이웃을 위해 기부하겠다는 내용이 적혀있었다.

　"아버지도 그렇지만 딸도 참 대단해."

　"그러게 말이야. 힘들게 모은 재산을 남을 위해 기꺼이 내놓다니. 나 같으면 절대 그렇게 못 했을 텐데."

　"자네랑 여사님이랑 같나? 그러니까 여사님이 존경을 받는 거지."

　사람들은 아버지 유일한 박사에 이은 그녀의 유언에 다시 한 번 놀라지 않을 수 없었다.

　"참으로 오랜만에 훈훈한 기사를 쓸 수 있겠군."

　"역시 그 아버지에 그 딸이야."

다른 사람에게 머리를 숙일 수 있는가?

겸손은 물과 같이 무르고 약하다.
그러나 모든 것을 이기는 힘을 갖고 있다.
_노자

어떻게 해서라도 자신의 능력을 드러내거나 자랑하고 싶어 하는 사람이 간혹 있다. 물론 자신을 다른 사람에게 알린다는 건 매우 중요한 일임이 틀림없다. 하지만 자칫 그것이 지나칠 경우 오히려 상대방에게 거부감을 줄 수도 있다는 사실을 알아야 한다.

이왕 자신을 드러낼 것이라면 품위 있게 드러내는 것이 좋다. 그러자면 겸손함을 갖춰야 한다. 잘난 척하기보다는 자신의 부족함을 인정하고 고개를 숙이면 상대는 분명 더 크게 감동할 것이다. 자신을 낮출수록 더욱 높아지는 마법 같은 힘, 그게 바로 겸손이기 때문이다. 물론 거기에는 진실함이 묻어있어야 한다.

혹시 〈몰래카메라〉라는 TV 프로그램을 기억하는가. 많은 이야기가 있었지만 유독 김제동 씨 편이 기억에 남는다. 당시 그를 속이기 위한 설정은 다음과 같았다.

그가 한 대학에서 초청 강의를 하는데 서너 명의 학생이 강의를 못 하도록 훼방을 놓는다는 것이었다.

강의가 시작되자 작전대로 학생들은 훼방을 놓기 시작했고, 급기야 그 앞에서 서로 싸우기까지 했다. 이에 김제동 씨는 단호한 말로 그들을 제지했지만 아무 소용이 없었다. 그러면 그럴수록 그들은 더 소리를 치고 난리를 피웠다.

문제는 그다음이었다. 그 정도면 누구나 화를 낼 법도 한데 김제동 씨는 달랐다. 그는 갑자기 훼방을 놓는 학생들 앞에 무릎을 꿇더니 그들을 향해 이렇게 말했다.

"여러분 강의 좀 하게 도와주십시오."

그 모습을 보며, 나는 속으로 '참 멋진 사람이다.' 라고 생각했다. 누군가는 그런 그의 모습이 비굴해 보인다고 말할지도 모른다. 하지만 그건 절대 비굴한 것이 아니다. 생각건대, 그건 분명 겸손함이었고 자신감의 또 다른 표현이었다.

"오만의 그릇은 쏟아 보면 나올 것이 없지만, 겸손의 그릇은 빈 그릇에서도 지략이 철철 넘친다." 라는 말이 있다.

마땅히 칭찬받아야 함에도 그걸 전혀 내색하지 않는 사람, 한없이 자신을 낮추며 다른 사람을 치켜세우는 사람…. 그런 사람을 보면 저절로 얼굴에 웃음이 묻어나고 마음이 흐뭇해진다.

겸손으로 가는 문은 아주 작고 낮다. 그 때문에 누구나 몸을 숙여야만 그 문을 통과할 수 있다. 중요한 것은 그렇게 함으로써 자신이 낮아지는 게 아니라 더욱 높아진다는 것이다. 벼가 고개를 숙이는 이유는 부족해서가 아니라 가득 찼기 때문이라는 사실을 절대 잊어서는 안 된다.

A slow walker 04

낮출수록 더 높아진다

현대 교향곡의 아버지 _ 프란츠 요제프 하이든

"내 외투 좀 주게."

"안 됩니다, 선생님. 의사 선생님이 외출은 절대 하지 말라고 하셨습니다."

"내 몸은 내가 더 잘 아네. 그러니 어서 외투를 주게."

"선생님, 이러시다가 큰일이라도 나면 어쩌려고 그러세요?"

"괜찮다니까. 그러니 어서 외투를 주게."

"정말 가셔야겠습니까?"

"그래, 마지막일 수도 있잖나. 내가 만든 곡이 연주된다는 데 내가 빠질 수는 없지."

비서는 나이 지긋한 작곡가의 고집을 결코 꺾을 수 없었다. 이에 결국 외투를 건넸고 휠체어까지 준비해야만 했다.

"선생님, 준비 다 됐습니다."

"그래, 고맙네."

잠시 후 노신사는 휠체어에서 자동차로 자리를 옮겼다.

"어서 빈(Vienna) 대음악관으로 가세. 공연 시간이 거의 다 되었네."

다행히 서두른 덕분에 공연 시작 전에 도착할 수 있었다.

객석의 조명이 꺼지고 서서히 무대 조명이 밝아졌다. 잠시 후 지휘자의 지휘에 맞춰 오케스트라의 웅장한 연주가 시작되었다. 곡이 연주되는 동안 청중은 입을 다물지 못한 채 마음 깊이 파고드는 짜릿한 감동을 경험했다.

"이 곡을 만든 사람은 정말 대단해. 사람의 마음을 이렇게 흔들어 놓다니 말이야."

청중은 작곡가에 대한 감탄의 말을 아끼지 않았다. 그런데 청중 가운데 한 사람이 그 곡의 작곡가가 음악회에 참석했다는 사실을 알게 되었다. 소문은 곧 청중 사이에 퍼졌다.

잠시 후 장엄하고 웅장한 음악이 끝났다. 지휘자와 오케스트라 단원은 청중을 향해 정중히 인사를 건넸다. 청중 역시 모두 다 자리에서 일어나 멋진 연주를 보여준 지휘자와 오케스트라 단원을 향해 박수갈채를 보냈다. 그러자 지휘자가 한 곳을 가리키며 감사의 인사를 건넸다.

청중의 시선은 일제히 그곳을 향했다. 그러자 백발의 한 신사가 불편한 몸을 겨우 일으켜 세우며 청중을 향해 고개를 숙였고, 우레와 같은 박수가 쏟아졌다.

"이 박수는 제 몫이 아닙니다. 이것은 제 것이 아닙니다. 모두 저 하늘에서 나온 것입니다. 저는 자연의 소리에 귀를 기울였을 뿐입니다. 그리고 이 영광은 이곳을 찾아주신 여러분이 있기에 가능한 일입니다. 박수는 바로 여러분의 몫입니다."

그는 연신 고개를 숙이며 겸손함을 잃지 않았다. 그런 겸손함에 청중은 다시 한 번 박수를 보냈다. 위대한 작곡으로 아낌없는 찬사를 받으면서도 늘 자신의 공을 하늘과 청중에게 되돌린 겸손한 작곡가, 그가 바로 〈천지창조〉, 〈사계〉 등을 작곡한 하이든이었다.

나를 응원하는 이들에게 감사해 하고 있는가?

인생을 돌아보면, 제대로 살았던 순간은
사랑하는 마음으로 살았던 순간뿐이다.
_ 헨리 드루먼드

이 세상이 온통 금이라면 과연 어떻게 될까? 아마 금의 가치가 추락할 게 틀림없다.

금이 귀한 대접을 받는 이유는 희소성 때문이다. 쉽게 구할 수 없고, 많은 양이 존재하지 않기에 그 가치가 높게 인정받는 것이다. 그렇다고 해서 여기저기서 흔히 볼 수 있는 돌멩이나 길가의 들꽃이 가치 없다는 얘기는 절대 아니다.

어쩌면 신은 금이나 돌멩이, 들꽃에 모두 똑같은 가치를 부여했는지도 모른다. 하지만 물건에 등급 매기기를 좋아하는 인간들이 제멋대로의 기준에 의해 순위를 매긴 것은 아닐까.

이 세상에 귀하지 않은 것은 없다. 따라서 이 세상을 구성하고 있는 모든 것은 저마다 모두 존재의 이유가 있다. 보잘것없어 보이는 배추 이파리 하나도 벌레들에게는 양식이 되고 놀이터가 되며 그늘이 되고 삶의 터전이 된다. 여름날 넓은 백사장에 수없이 널려 있는 흔하디흔한 작은 조개껍데기 역시 사랑하는 연인들에게는 깊은 추억이 될 수 있다.

의미를 담고, 인생을 담고, 추억을 담으면, 아무리 하찮고 볼품없는 물건이라도 그 어떤 것과도 비교할 수 없을 만큼 귀하고 가치 있는 것으로 변하게 된다. 그래서일까. 평소 대수롭지 않게 생각하는 물건임에도 막상 그것을 잃어버리고 나면 새삼 그 소중함을 느끼는 경우가 많다. 실례로, 귓속이 간지러워 귀이개를 찾는데 귀이개가 없다면 얼마나 답답하겠는가. 아무리 새끼손가락으로 귀를 후벼도 귀이개만큼은 시원하지 않을 것이다.

사람 역시 마찬가지다. 늘 말없이 나의 배경이 되어주는 사람, 내가 힘들 때마다 살포시 어깨를 빌려주는 사람, 언제나 내 편에 서서 나를 지지해주는 사람과 함께 있을 때는 그 소중함을 모르다가 막상 그 사람이 사라지면 그렇게 서운하고 착잡할 수가 없다.

작고 사소하지만, 묵묵히 제자리를 지키고 있는 물건과 나를 응원해주는 사람들에게 감사해 하며 살아야 한다. 가을 산을 물들이는 한 그루의 단풍나무가, 바람결에 날아다니는 민들레 홀씨가, 마을 어귀에서 마을을 지켜주는 장승이, 마음 한구석을 채워주는 책 한 권이 우리의 마음을 더욱 풍요롭고 행복하게 만들기 때문이다. 그것들이 있어 내가 있고, 그것들이 있어 내가 더욱 빛나고, 위로받는다는 사실을 절대 잊어서는 안 된다.

이 세상에 쓸모없는 것은 없다

싸우지 않고 적을 물리친 리더십의 본보기 _ 다윗 왕

"적장이 겁을 먹고 스스로 무너지게 할 전략을 구사해야겠소. 좋은 전략이 있으면 말들 해보시오."

다윗 왕이 신하들을 향해 말했다. 이에 신하들은 서로 머리를 맞대고 궁리했지만, 딱히 좋은 전략이 떠오르지 않았다. 한참 후 신하 한 명이 입을 열었다.

"폐하, 호랑이를 잡아서 적장에게 보내는 건 어떻겠습니까? 우리가 호랑이를 잡을 만큼 대단한 힘이 있다는 걸 적에게 보여주는 겁니다."

그러나 왕은 고개를 절레절레 내저으며 이렇게 말했다.

"그건 안 되오. 적장이 겁을 먹기는커녕 우리를 비웃을 게 틀림없소. 다른 좋은 전략은 없소?"

잠시 침묵이 이어졌다. 그리고 이내 한 신하가 그것을 깨뜨렸다.

"폐하, 적장이 자는 방에 몰래 들어가 적장의 칼을 훔친 후 다음 날 그 칼과 함께 서신을 보내는 건 어떻겠습니까? '네가 자고 있을 때 가져온 칼이다. 마음만 먹으면 네 목숨과 네 군사의 목을 베는 것쯤은 식은 죽 먹기다.' 라고 말입니다. 그러면 적장은 틀림없이 겁을 먹고 도망갈 것입니다."

"그것 정말 좋은 방법이오. 내가 직접 그 일을 하겠소."

"안 됩니다, 폐하! 그런 위험한 일은 장수들에게 맡기십시오. 우리에게는 용맹한 장수가 매우 많습니다."

"아니요, 내가 직접 하겠소. 그래야 적장이 더 겁을 먹을 것이오."

왕이 그렇게까지 고집을 피우자 신하들은 또다시 침묵할 수밖에 없었다.

이윽고 결전의 시간이 다가왔다. 본인이 하겠다며 고집을 피우기는 했지만, 다윗 왕 역시 긴장되기는 마찬가지였다. 자칫 실수라도 했다가는 그 자리에서 목숨을 잃을 수도 있기 때문이었다.

왕은 차분하게 마음을 가다듬었다.

'겁먹지 말자. 겁을 먹으면 될 일도 안 되는 법. 할 수 있다는 믿음을 가져야 해.'

우여곡절 끝에 왕은 적장의 침실에 숨어드는 데 성공했다. 다행히 적장은 곤히 잠들어 있었다. 그런데 그때 어디선가 '윙~윙~'하는 소리가 들려왔다. 모기였다.

'쓸모없는 녀석 같으니라고. 저리 비켜!'

왕은 팔을 저어 황급히 모기를 쫓았다. 혹시라도 모기로 인해 적장이 잠에서 깨어나면 큰일이었다. 그런데 바로 그때였다. 허공을 날아다니던 모기 한 마리가 적장의 다리 위에 내려앉았다. 그러자 적장은 자신도 모르게 다리를 이리저리 움직였다. 모기를 쫓으려는 것이었다. 이때다 싶어 왕은 재빨리 적장의 칼을 꺼내 들었다.

무사히 임무를 완수한 왕은 날이 밝자마자 적장의 칼과 서신을 적장에게 보냈다. 예상대로 적장은 자신의 칼을 본 후 뒤로 나자빠졌다.

"아니, 이건 내 칼이 아니냐? 어떻게 이런 일이 있을 수 있지? 다윗 왕은 사람의 탈을 쓴 도깨비구나."

그렇게 해서 싸울 용기를 잃은 적장은 부하들을 데리고 황급히 도망가고 말았다.

"폐하, 폐하의 용기 덕분에 적군을 몰아낼 수 있었습니다."

신하들은 모두 왕의 용맹스러움에 존경심을 표했다. 하지만 왕은 고개를 내저으며 이렇게 말했다.

"적군을 물리치는 데는 나의 용기도 한몫했지만, 그보다 더 큰 힘은 바로 모기 한 마리였소."

"모, 모기 한 마리요? 그게 무슨 말씀이신지…"

  그러나 왕은 아무 말 없이 그저 껄껄껄 웃기만 했다. 그때부터 왕은 작고 하찮은 것이라도 절대 업신여기거나 무시하지 않았다. 오히려 그 것의 존재에 대해서 항상 감사하며 살았다.

다른 사람을 이해하고 배려하고 있는가?

마음을 자극하는 단 하나의 사랑의 명약,
그것은 바로 진심에서 우러나오는 배려이다.
_ 메난드로스

간혹 별것 아닌 일이 큰 싸움으로 이어지는 경우가 종종 있다. 이는 십중팔구 오가는 말속에 상대를 비하하거나 마음의 상처를 주는 말이 섞여 있기 때문이다. 서로 조금만 더 이해하고 배려하면 될 것을, 괜한 자존심 때문에 큰 싸움으로 번지고 마는 것이다.

상대의 말에는 귀 기울이지 않고, 오직 자신의 주장만 내세운다면 함께 있다고 한들 평행선을 달리는 것과 마찬가지다.

우리 마음속에는 바다나 하늘보다 훨씬 더 넓은 공간이 있다. 그 공간에 나 아닌 다른 사람을 위한 방 하나쯤 만드는 게 그렇게 어렵고 힘든 일일까.

슬기롭고 똑똑한 사람일수록 마음속에 다른 사람을 위한 방을 여러 개 만들어놓는다. 그래서 다툴 일도 부드럽게 넘어가며, 화를 낼 일도 한 번 더 용서하고 너그럽게 포용하는 것이다.

다른 사람의 마음을 헤아린다는 건 그만큼 그 사람을 이해하고 배려한다는 것이다. 하지만 사람들 대부분은 이해를 받으려고만 하지 이해를 하는 것에는 그리 익숙하지 않다. 특히 가까운 사람일수록 더욱더 그렇다.

가족이나 친구, 가까운 사람 중 누군가가 힘들고 지쳐있을 때 먼저 방긋 웃으면서 따뜻한 위안과 용기의 말을 전해보자. 마찬가지로 누군가가 절망에 빠져 괴로워하면 먼저 다가가서 격려하고 희망의 말을 건네 보자. 그렇게 어렵고 힘든 일도 아니다. 하지만 많은 사람이 이를 어려워한 나머지 망설이곤 한다. 처음 한두 번이 어려운 법이지 하다 보면 습관이 되어 나중에는 아주 자연스럽게 할 수 있다.

마음속에 다른 사람을 위한 이해의 방, 배려의 방, 사랑의 방을 만들어보자. 그러면 그 방은 좋은 사람으로 항상 붐빌 게 틀림없다. 당연히 삶도 훨씬 더 즐거워지고 행복해질 것이다.

배려, 사람의 마음을 움직이는 최고의 힘

신이 내린 최고의 목소리, 프리마돈나 _ 조안 서덜랜드

금세기 최고의 소프라노로 칭송받는 성악가 조안 서덜랜드. 1926년 호주에서 태어난 그녀는 오페라 가수로 40년간 활동하며 대영제국 훈장과 호주 최고훈장, 공연예술 평생공로상 등을 수상한 바 있다. 이에 세계 3대 테너 중 한 사람인 루치아노 파바로티는 그녀의 노래를 듣고 '신이 내린 최고의 목소리'라며 극찬을 아끼지 않았다.

언젠가 그녀가 공연을 위해 영국의 한 도시를 방문한다는 소식이 전해졌다. 이에 사람들은 흥분을 감추지 못했다.

"정말이야? 정말 그녀가 온다고?"

"그렇다니까. 생전에 그녀의 목소리를 들을 수 있다니, 이런 행운이 또 어디 있겠어."

"그렇지. 그녀의 노래를 듣다 보면 마치 천상에 온 것 같은 착각이 들

정도야. 정말 환상적이고 멋있거든."

"그러니까 다들 금세기 최고의 소프라노라고 칭송하는 것 아니겠나. 그나저나 공연은 보러 갈 거지?"

"지금 그걸 말이라고 해. 전 재산을 탈탈 털어서라도 그 공연은 꼭 봐야지. 무슨 일이 있어도 반드시 보고 말 거야."

사람들은 그녀의 공연 날짜만 손꼽아 기다렸다. 그런데 공연을 며칠 앞두고 공연팀 내부에 그만 문제가 생기고 말았다. 조안 서덜랜드의 상대역을 맡기로 한 테너 주앙 지빈이 갑자기 몸에 이상이 생긴 것이다.

주앙의 몸 상태를 확인한 매니저는 고개를 절레절레 흔들었다.

"이 상태로는 도저히 힘들 것 같습니다."

"그게 무슨 소리예요? 전 괜찮아요, 아무렇지도 않다고요."

주앙은 괜찮다고 말했지만, 사실 그의 몸 상태는 꽤 심각했다. 온몸에서 열이 나고, 특히 목 부위가 많이 부어 있었다.

매니저가 심각한 표정을 지으며 주앙을 향해 말했다.

"이 상태로는 곤란합니다. 공연 도중에 쓰러질 수도 있어요. 공연이 이번 한 번만 있는 것도 아니니 사람들에게 양해를 구하고 공연을 취소하는 게 좋을 것 같습니다."

"괜찮다니까요. 전 할 수 있습니다. 얼마나 많은 사람이 이 공연을 보기 위해서 가슴 졸이며 기다린 줄 아세요? 전 그들의 기대를 저버릴 수 없어요. 조안에게도 폐를 끼치고 싶지 않고요.”

그쯤 되자, 누구도 그의 고집을 꺾을 수 없었다. 결국, 예정대로 공연을 진행하기로 했다.

주앙은 최악의 컨디션임에도 최선을 다해 연습했다. 그러나 역시 천둥소리와 같은 평소의 목소리는 나오지 않았다. 반대로 상대 배우인 소프라노 조안 서덜랜드는 자기를 돋보일 좋은 기회를 얻은 셈이었다.

며칠 후 마침내 공연이 시작되었다. 기쁨에 들뜬 관객들이 공연장을 가득 채웠고 무대의 막이 올랐다. 조명이 무대를 환하게 밝혔고, 남자 주인공인 주앙이 무대 중앙으로 터벅터벅 걸어 나왔다. 관객들은 숨 죽인 채 그의 몸짓과 노랫소리에 귀를 기울였다.

이윽고 주앙이 근엄한 표정으로 노래를 부르기 시작했다. 그러나 역시나 그의 목소리에는 힘이 없었다. 목이 아픈 탓에 시원하게 소리가 나오지 않았던 탓이다.

주앙은 불안했다.

‘큰일이네, 어떡하지. 이대로 공연을 계속해야 하나.’

괜히 고집을 피워서 공연을 강행한 게 아닌가 하는 후회가 밀려왔다. 관객들 역시 그의 노래를 듣고 고개를 갸우뚱거렸다. 평소와 달리 다소 맥 빠진 그의 목소리를 관객들 역시 단번에 알아차린 것이다.

주앙은 점점 더 불안했다. 더구나 다음은 여자 주인공인 소프라노 조안의 아리아가 이어질 차례였다. 그녀의 높고 큰 목소리가 무대 가득 울려 퍼지면 자신의 목소리와 대비되어 자신이 더욱 초라해질 게 분명했다.

마침내 조안의 아리아가 이어졌다. 관객들은 모두 숨죽인 채 기대에 부푼 모습으로 그녀의 노랫소리에 귀를 기울였다. 그런데 전혀 예상치 못한 뜻밖의 상황이 일어났다.

"어, 왜 이렇게 소리가 작지?"

관객들은 고개를 갸우뚱거렸다. 주앙 역시 눈을 깜빡이며 조안의 목소리에 귀를 기울였다.

'이상하다. 왜 이렇게 낮은 톤으로 작게 부르지? 그녀 역시 어디가 좋지 않은 건가?'

그러나 그녀의 목 상태는 최상이었다. 남자 주인공 주앙의 목소리 톤에 맞추려고 일부러 자신의 목소리를 자제한 것일 뿐.

주앙은 그녀의 사려 깊은 배려에 크게 감동하였다. 관객들 역시 그녀에게 감동의 박수를 보냈다.

주인공들의 작은 목소리 때문에 다소 답답한 느낌이 있었지만, 그렇게 해서 공연은 성공적으로 끝이 났다. 특히 조안의 배려가 돋보였다.

부모라는 이유만으로
무조건 희생을 강요해야 하는가?

저울의 한쪽 편에 세계를 실어 놓고, 다른 한쪽 편에 나의 어머니를 실어 놓는다면,
세계의 편이 훨씬 더 가벼울 것이다.
_ 랑구랄

부모와 자식은 과연 어떤 인연에서 비롯된 것일까. 한 번쯤 생각해볼 일이다. 과연 그 인연의 시작은 무엇이고, 왜 부모는 평생 자식을 뒷바라지하고 챙겨줘야만 하는 것일까.

여전히 많은 사람이 부모에게 바라기만 하는 삶을 살고 있다. 그들은 부모에게 돈이 없으면 돈을 달라고 하고, 밥이 없으면 밥을 달라고 하며, 자동차가 없으면 자동차를 달라고 한다. 하나에서 열까지 모두 다 일방적으로 요구만 할 뿐이다. 그런 점에서 부모는 자식에게 하나라도 더 주기 위해 자신을 희생하는 사람이라고 할수 있다. 그 때문에 그런 각오가 되어 있지 않다면, 부모가 된다는 게 결코 쉽지만은 않다.

그들은 자식에게 더 좋은 옷을 입히기 위해서, 더 좋은 음식을 먹이기 위해서 아침 일찍부터 일터로 나가고, 비록 자신은 먹지 못할지라도 자식에게는 맛있는 음식을 사준다. 그리고 자식에게 더 줄 수 없음을 마음 아파해한다. 어쩌면 그것이 부모라는 사람들이 짊어진 평생의 숙제인지도 모른다. 하지만 부모라는 이유만으로 평생 희생을 강요하는 게 과연 옳은 일일까.

부모가 자식을 아끼는 것처럼 자식 역시 부모를 공경해야 하고 그 은혜에 보답해야만 한다. 그렇지 않고 자신의 이익만 챙긴다면 그건 가족이 아닌 우연히 길을 가다 만난 사람과 전혀 다를 바 없기 때문이다. 따라서 부모에게 최선을 다하는 것이야말로 자식 된 도리이며, 가장 우선시 되어야 할 덕목이라고 할 수 있다.

부모는 세상 그 누구보다도 큰마음을 지니고 있다. 그들은 자식에게 받는 것보다 주는 걸 더 기뻐하고 즐거워하며, 죽는 날까지 자나 깨나 자식 걱정을 하며 산다.

자신의 삶에 충실해야 한다. 그것만으로도 부모는 매우 기쁘고, 삶의 희망을 품으며, 힘을 얻기 때문이다. 언제나 우리 뒤에서 힘이 되고, 말없이 우리를 응원하며, 이 세상에서 가장 오랫동안 내 편이 되어주는 사람, 부모는 그런 사람이다.

존재만으로도 힘이 되는 이름, 부모

미국 초대 대통령 _ 조지 워싱턴

미국 초대 대통령 조지 워싱턴이 대통령이 된 후 처음 고향을 방문했을 때의 일이다. 요란한 환영 인파가 반갑게 그를 맞아줄 것으로 생각했지만, 이상하리만큼 마을은 매우 조용했다. 그러자 당황한 수행원들은 고개를 갸우뚱거렸다.

"분명 마을 사람들이 대통령이 오시는 걸 알고 있을 텐데, 왜 이리 조용하지?"

"그러게 말이야. 대통령께서 많이 서운해할 텐데, 이거 큰일이네."

급기야 그들은 대통령의 심기가 불편하지는 않을까 하는 마음에 안절부절못했다. 그러던 중 대통령의 집 앞에 도착했다.

"어서 오너라! 조지."

대통령의 어머니가 소박한 옷차림으로 홀로 대통령을 맞았다.

"어머니, 그동안 건강하셨어요?"

"그래, 여기까지 오느라 수고했다."

"그런데 어머니, 왜 이렇게 마을이 조용하지요?"

"어, 그건 말이다. 마을 사람들이 널 환영하겠다고 했는데, 내가 한사코 말렸단다. 섭섭하지 않지?"

"예, 잘하셨어요."

"배고프겠구나. 자, 다 함께 어서 안으로 들어가자. 맛있는 음식을 많이 준비했단다."

대통령과 수행원들은 어머니를 따라 집 안으로 들어갔다. 식탁 위에는 이미 푸짐하고 맛있는 음식이 가득 차려져 있었다. 그러자 대통령이 수행원들을 쳐다보며 말했다.

"자, 여러분 어서 앉으세요. 우리 어머니 음식 솜씨는 최고랍니다."

"예, 잘 먹겠습니다."

대통령과 수행원들은 모두 식탁에 둘러앉아 밥을 먹기 시작했다. 역시 어머니의 사랑이 담긴 음식이 최고였다.

"정말 맛있습니다."

"이렇게 맛있는 음식은 처음입니다."

식사를 마친 수행원들은 대통령의 어머니께 감사의 인사를 전했다. 그러자 대통령의 어머니는 고개를 내저었다.

“아닙니다. 맛없는 음식을 맛있게 먹어주니 제가 더 고맙습니다.”

잠시 후 모두가 밖으로 나간 뒤 대통령은 설거지를 하고 있는 어머니 옆으로 다가갔다. 그리고 살며시 말했다.

“어머니, 이제 나이도 있으니 일하는 사람을 두세요. 아들이 대통령이잖아요.”

그러자 그의 어머니가 그를 쳐다보며 말했다.

“아니다. 나는 아직 젊다. 난 대통령의 어머니이기 이전에 그냥 평범한 어머니란다. 너는 네 일에 충실하고 나는 내 일에 충실하면 되는 거 아니니?”

그제야 대통령은 뭔가를 깨달았다는 듯 미소를 지으며 고개를 끄덕였다. 그리고 어머니를 따뜻하게 안아주었다.

Question 08

누군가를 애타게 그리워해 본 적이 있는가?

사랑은 약속이며, 한 번 주어지면
절대 잊을 수도, 사라지지도 않는 선물과도 같다.
_ 존 레넌

혹시 '사랑의 완성'이라는 말을 들어본 적이 있는가. 흔히 사람들은 그것에 대해서 이렇게 말하곤 한다. 남자와 여자가 만나서 서로 하나가 되어야만 사랑이 완성되는 것이라고. 결코, 틀린 말은 아니지만, 뭔가 부족해 보이는 건 나만의 착각일까.

알다시피, 이 세상 모든 사랑이 다 완성되는 것은 절대 아니다. 모든 사랑이 다 완성된다면 더할 나위 없이 좋겠지만, 사랑은 마음먹은 대로 다 이루어지는 게 아니다. 서로 하나가 되지 못한 채 혼자만 사랑을 간직하는 외로운 사람들을 우리는 주변에서 심심치 않게 볼 수 있다. 그런 사람들에게 사랑은 하나가 되어야만 완성될 수 있다고 말한다면 너무도 가혹하고 슬픈 일임이 분명하다.

그런 점에서 사랑에 관한 아름다운 추억을 간직하는 것 역시 사랑의 완성이라 말할 수 있다. 그리워하는 것, 그저 멀리서 바라보는 것, 내 안에, 내 기억 속에 그 누군가가 살아있다는 것, 그래서 그 사람을 생각하는 것만으로도 행복해지고 입가에 미소가 번진다면 그것만큼 가슴 떨리고 아름다운 일이 또 어디 있겠는가. 그 때문에 사랑은 하나가 되지 않더라도 충분히 완성될 수 있다.

누군가를 애타게 그리워하는 마음은 절대 슬픈 것이 아니다. 오히려 바다보다 더 깊고, 하늘보다도 더 높은 숭고함 그 자체다. 그런 점에서 사랑은 혼자서도 충분히 완성될 수 있음을 잊지 말아야 한다.

사랑만이 상처를 치유할 수 있다

사랑을 부르는 마법의 물

기도를 마친 신부는 성당 앞뜰 의자에 앉아 오랜만에 휴식을 취했다. 바람이 흔들거릴 때마다 옆에 있던 꽃들의 향긋한 냄새가 주위로 가득 퍼졌다. 이에 기분이 좋아진 신부는 눈이 저절로 감겼다.

그때 젊은 부인 하나가 신부를 향해 다가왔다.

"신부님, 안녕하세요."

"예, 잘 지내셨어요? 그런데 주일도 아닌데 무슨 일이시죠?"

"신부님께 드릴 말씀이 있어서요."

"그렇군요. 그래, 무슨 말씀이신가요?"

그러나 부인은 쉽사리 입을 열지 않았다.

"괜찮습니다. 고민하지 말고 어서 말씀해보세요."

"아주 개인적인 일이라서…"

"고민을 털어놔야 마음이 가벼워집니다. 혹시 압니까? 제가 그 고민을 말끔히 해결해드릴 수 있을지."

"알겠습니다. 신부님이라면 틀림없이 제 고민을 해결해줄 수 있을 거예요."

이윽고 부인은 상기된 얼굴로 고민을 털어놓기 시작했다.

"더는 못 참겠어요. 남편과 헤어지고 싶어요."

"무슨 일이라도 있나요?"

"남편은 모든 일에 트집만 잡고 시비를 걸어요. 이럴 거면 차라리 혼자 사는 게 낫다는 생각이 들어요."

부인은 계속해서 남편과의 불화에 관해서 이야기했다. 그렇게 해서 신부는 한참 동안 부인의 말을 경청해야만 했다.

부인의 이야기를 다 들은 신부는 고개를 끄덕거리며 한참 동안 뭔가를 생각했다. 그리고 곧 미소를 지었다.

"부인, 남편에게 '사랑한다!'는 말을 하루에 몇 번 정도 하세요?"

"네~에, 사랑이요?"

신부의 갑작스러운 물음에 부인이 머리를 긁적거렸다.

"그렇다면 '함께 살기 싫다!'는 소리는 몇 번 정도 하세요?"

부인은 눈을 깜박거리며 잠시 생각에 잠겼다.

"그 말은 수시로 합니다. 하루에 대략 열 번 정도 하는 것 같습니다.

싸울 때는 그 이상도 하지요.”

그러자 신부가 고개를 끄덕이며 말했다.

“잘 알겠습니다. 제가 부인의 고민을 해결해드리지요. 두 분이 예전처럼 잘 지낼 수 있도록 비법을 알려드리겠습니다. 저를 따라오십시오.”

두 사람은 성당 뒤뜰에 있는 우물가로 향했다. 잠시 후 신부는 물을 길어 올려 그것을 작은 병에 담은 후 부인에게 건넸다.

“부인, 잘 들으세요. 이 물은 마법의 물입니다. 남편이 집에 돌아오면 이 물을 한 모금 입에 넣으세요. 하지만 절대 삼켜서는 안 됩니다. 그리고 마음속으로 ‘사랑한다!’는 말을 계속 반복하세요. 그럼 이 마법의 물이 기적과도 같은 일을 선물할 것입니다.”

“그게 정말이에요?”

“예, 저를 믿고 아니, 이 마법의 물을 믿고 제가 하라는 대로 한번 해보세요. 당장 오늘부터 말입니다.”

집으로 돌아온 부인은 신부가 하라는 대로 하기로 마음먹었다. 저녁이 되자 남편이 집에 들어왔다. 남편은 평소처럼 악담과 불평을 늘어놓기 시작했다.

“도대체 온종일 집에서 뭐하는 거야?”

부인은 즉시 마법의 물을 한 입 머금고 마음속으로 ‘사랑한다!’는 말을 반복했다. 그랬더니, 아니나 다를까 남편이 갑자기 조용해졌다. 그리고 큰 싸움 없이 무사히 그날을 보낼 수 있었다. 다음 날도 마찬가지였다. 부인은 마법의 물을 한 잔 머금은 채 '사랑한다!'는 주문을 외웠다. 그 날도 역시 평화가 계속되었다. 남편과 마찰이 없다 보니 얼굴에 자연스럽게 미소가 번졌다.

며칠 후 부인은 싱글벙글 웃으며 신부를 다시 찾았다.

"신부님, 정말 신기해요. 수도원 우물이 정말로 기적의 물인가 봐요. 남편과 사이가 다시 좋아졌어요."

그러자 신부는 잘되었다는 듯 입가에 가득 미소를 지었다.

"요즘은 하루에 몇 번이나 사랑한다는 말을 하시나요?"

부인은 쑥스럽다는 듯 나지막하게 속삭였다.

"마음속으로 백 번 그리고 남편이 퇴근하고 집에 들어오면 또 백 번이요. 그나저나 그 물 참 놀라워요."

"그렇지 않습니다. 사실 그 물은 어디서나 볼 수 있는 아주 흔하디흔한 물입니다."

"예? 하지만 그때 신부님도 분명히 마법의 물이라고 하셨잖아요."

"아닙니다. 사랑이 깃든 부인의 침묵이 남편을 부드럽게 변화시킨 것입니다. 제가 보기에는 이제 그 물이 필요 없을 것 같군요."

그제야 부인은 알듯 모를 듯한 미소를 지었다.

Question 09

사랑을 고백해본 적이 있는가?

만일 한 명의 인간이 최고의 사랑을 성취한다면
그것은 수백만 명의 사람의 미움을 해소하기에 충분하다.
_ 마하트마 간디

이른 새벽, 여든여섯의 한 할아버지가
한 병의 따뜻한 수프를 준비해서 바쁘게 길을 나선다. 할아버지는 바이올
린 비슷하게 생긴 '소우'라는 악기를 어깨에 메고 자그마치 20Km를 걸어
작은 언덕에 있는 한 무덤가에 도착한 후 그 옆에 앉아서 소우를 연주하기
시작한다. 먼저 세상을 떠난 할머니의 무덤이었다. 할아버지는 하루도 빠짐
없이 30년 동안이나 매일 그렇게 해왔다고 한다. 그 이유는 단 하나. 할아버
지가 죽은 아내에게 한 약속 때문이었다. 할아버지는 자신의 생명이 다할
때까지 매일 아침 맛있는 수프를 만들어주겠노라고, 좋아하는 노래를 연
주해주겠노라고 할머니에게 약속했던 것이다.

혹시 '백낙천'이라는 당나라 시인의 이름을 들어본 적이 있는가? 그의 글

을 보면 '비익(比翼)'이라는 새가 나오는데, 눈도 하나고 날개도 하나밖에 없다. 그 때문에 혼자서는 절대 날 수 없다. 하늘을 날기 위해서는 두 마리가 서로를 의지해서 마치 하나인 듯 날갯짓을 해야만 한다.

이 세상이 다 변해도 변치 않아야 할 약속이 있다면 바로 사랑의 약속이 아닐까 싶다. 우리는 사랑을 시작하는 순간, 연인끼리 수많은 약속을 하곤 한다. '늘 웃게 해주겠다', '늘 곁에서 지켜주겠다', '늘 네 편이 되어주겠다', '늘 부족함 없이 해주겠다' 등등… 하지만 시간이 지날수록 그 약속은 퇴색된 채 잊히고 만다.

물론 치열한 세상에서 살아남기 위해 바삐 움직이다 보면 약속을 잊을 수도 있다. 하지만 사랑하는 사람과의 약속만큼 중요한 게 또 있을까. 이에 대해 어떤 사람은 이렇게 말하기도 했다.

"혼자는 외롭고, 셋은 너무나 넘쳐서, 둘이 사랑하는 것"이라고.

사랑은 하나와 하나가 만나서 둘이 되는 게 아니라 하나와 하나가 만나서 다시 하나가 되는 것이다. 그 때문에 아름다운 사랑 앞에서는 그 어떤 훌륭한 수식도 필요치 않다. 사랑만으로도 충분히 넘쳐나기 때문이다.

누구에게나 사랑의 순간이 분명 온다. 그러나 아무리 상황이 힘들더라도, 절망적이더라도 사랑을 쉽게 포기해선 안 된다. 나아가 폐부를 찌르는 슬픔이 찾아온다고 해도 절대 사랑을 놓쳐선 안 된다. 사랑만이 모든 것을 껴안을 수 있고, 내일의 희망을 만들 수 있기 때문이다. 만일 지금 누군가를 사랑하고 있다면 망설이지 말고 즉시 '사랑한다!'고 큰 소리로 말해보라. 어쩌면 그 순간은 영원히 다시 오지 않을지도 모른다.

사랑은 모든 것을 가능하게 한다

미국인들이 가장 존경하는 대통령 _ 프랭클린 루스벨트

멋진 정치인이 되겠다는 야무진 꿈을 가진 청년이 있었다. 그는 매일 아침 신문에 난 기사를 한 글자도 빼놓지 않고 모두 읽었으며, 정치인들의 대중 연설장에도 자주 들락거리며 정치인의 꿈을 키워갔다.

그러던 어느 날, 그에게 너무도 끔찍한 일이 일어나고 말았다. 심각한 관절염에 걸리고 만 것이다. 서둘러 병원에 가봤지만, 의사의 반응은 냉담하기 그지없었다.

"병이 이미 너무 깊습니다. 지금으로써는 고칠 방법이 없어요."

"선생님, 그게 무슨 말씀이세요? 제발 좀 고쳐주세요."

"······."

결국, 그의 다리는 시간이 지날수록 점점 더 증상이 심해져 갔다.

'이제 모든 것이 다 끝났어. 이런 몸으로 어떻게 살 수 있겠어.'

그는 깊은 절망의 늪에 빠진 나머지 하루하루 고통의 시간을 보냈다. 누구도 만나지 않은 채 집에만 틀어박혀 매일 술만 마셨다. 그런데도 그 괴로움을 감당할 수 없었다. 그렇게 절망에 빠져있던 어느 날 마당 한쪽에서 땅을 뚫고 세상 밖으로 나온 어린 새싹을 발견했다.

'어? 저 작은 것도 살겠다고 어둠을 뚫고 나왔네.'

그 순간, 그는 다시 가슴이 뜨거워졌고, 뭔가 큰 깨달음을 얻었다. 이에 더는 과거의 상처에 머물지 않기로 다짐했다. 그러자 마음속 한 귀퉁이에서부터 어서 빨리 이 상황에서 벗어나고 싶다는 작은 일념이 희망으로 되살아나기 시작했다.

그는 용기를 내어 휠체어에 몸을 실었다. 그리고 조심스럽게 바깥세상으로 다시 나갔다.

'그래, 난 할수 있어!'

사실 그에게는 사랑하는 여자가 있었다. 그녀의 이름은 엘레나로, 두 사람은 이미 결혼을 약속했지만, 차마 지금 자신의 상황에서 청혼할 용기가 나지 않았다. 그렇다고 차일피일 미룰 수만도 없었다. 어떤 식으로든 결론을 내야 했다.

그는 당당하게 청혼하기로 마음먹었다. 집 앞에 도착한 그를 엘레나는 평소와 다름없는 환한 얼굴로 맞아주었다. 한참을 머뭇거리던 그가 마침내 진지한 표정으로 입을 열었다.

"엘레나, 당신은 내가 불구자가 되었는데도 나를 사랑하오? 만일 그 마음이 아직 남아 있다면 나와 결혼해주시오."

그의 눈빛과 말속에는 뜨거운 간절함이 배어 있었다. 그래서 엘레나의 입에서 어떤 말이 나와도 모두 받아들이겠다고 생각했다.

잠시 후 엘레나가 나지막이 입을 열었다.

"당신은 참 바보예요. 지금까지 내가 당신의 성한 다리만을 사랑한 줄 알았나요? 내가 사랑하는 것은 바로 당신, 그 자체예요. 내 마음도 몰라주고, 당신은 정말 바보예요."

그는 눈시울이 붉어졌다. 그동안 좌절에 빠져있던 자기 모습이 너무도 부끄럽게 느껴졌다.

"엘레나, 정말로 고맙소."

"고맙기는요, 오히려 제가 더 고맙죠. 이런 용기를 내줘서 정말 고마워요."

그는 엘레나의 사랑을 믿었고, 엘레나는 그의 꿈과 비전을 믿었다. 그렇게 해서 두 사람은 결국 하나가 될 수 있었다. 그리고 얼마 후 자신의 꿈인 정치에 입문하였고, 훗날 미국을 이끄는 지도자가 되었다. 그 청년이 바로 장애를 극복하고 미국 32대 대통령이 된 프랭클린 루스벨트로 경제공황에서 미국을 구했을 뿐만 아니라 2차 세계대전에서 승리해 세계의 평화에 크게 기여하였다.

Question 01 내게 상처 준 사람을 용서할 수 있는가?

큰 상처를 받거나 불이익을 당했을 때 가장 먼저 드는 생각은 보복이다. 하지만 그것은 더 큰 상처와 보복을 낳을 뿐이다. 최고의 보복은 용서다. 용서는 남을 위한 일이기도 하지만 결국 나 자신을 위한 일이기 때문이다.

Question 02 삶을 자극하는 라이벌이 있는가?

라이벌은 성장을 위한 강한 자극제다. 서로를 의식하고, 선의의 경쟁을 펼치는 과정에서 잠재력을 폭발시키는 좋은 계기가 되기 때문이다. 이에 라이벌을 끊임없이 연구해서 자신의 발전 모델로 삼아야 한다.

Question 03 단 한 번이라도 다른 사람의 마음을 채워본 적이 있는가?

행복의 완성은 나를 채우는 것이 아니라 다른 사람의 마음을 채우는 것이다. 우리가 살면서 돈이 많은 부자보다는 마음이 더 행복한 사람이 되어야 하는 이유가 바로 여기에 있다.

Question 04 다른 사람에게 머리를 숙일 수 있는가?

겸손으로 가는 문은 아주 작고 낮다. 그 때문에 누구나 몸을 숙여야만 그 문을 통과할 수 있다. 중요한 것은 그렇게 함으로써 자신이 낮아지는 게 아니라 더욱 높아진다는 것이다. 벼가 고개를 숙이는 이유는 부족해서가 아니라 가득 찼기 때문이라는 사실을 절대 잊어서는 안 된다.

Question 05 나를 응원하는 이들에게 감사해 하고 있는가?

늘 말없이 나의 배경이 되어주는 사람, 내가 힘들 때마다 살포시 어깨를 빌려주는 사람, 언제나 내 편에 서서 나를 지지해주는 사람들에게 감사해야 한다. 그들이 있어 내가 있고, 그들이 있어 내가 더욱 빛나며, 위로받는다는 사실을 절대 잊어서는 안 된다.

Question 06 다른 사람을 이해하고 배려하고 있는가?

똑똑한 사람일수록 마음속에 다른 사람을 위한 방을 여러 개 만든다. 그래서 다툴 일도 부드럽게 넘어가며, 화낼 일도 한 번 더 용서하고 너그럽게 포용한다.

Question 07 부모라는 이유만으로 무조건 희생을 강요할 수 있는가?

부모는 세상 그 누구보다도 큰마음을 지니고 있다. 그들은 자식에게 받는 것보다 주는 걸 더 기뻐하고 즐거워하며, 죽는 날까지 자나 깨나 우리를 응원하며, 이 세상에서 가장 오랫동안 내 편이 되어주는 사람이다.

Question 08 누군가를 애타게 그리워해본 적이 있는가?

누군가를 애타게 그리워하는 마음은 절대 슬픈 것이 아니다. 오히려 바다보다 더 깊고, 하늘보다도 더 높은 숭고함 그 자체다.

Question 09 사랑을 고백해본 적이 있는가?

사랑은 하나와 하나가 만나서 둘이 되는 게 아니라 하나와 하나가 만나서 다시 하나가 되는 것이다. 그 때문에 아름다운 사랑 앞에서는 그 어떤 훌륭한 수식도 필요치 않다. 사랑만으로도 충분히 넘쳐나기 때문이다.

나는 천천히 가는 사람입니다

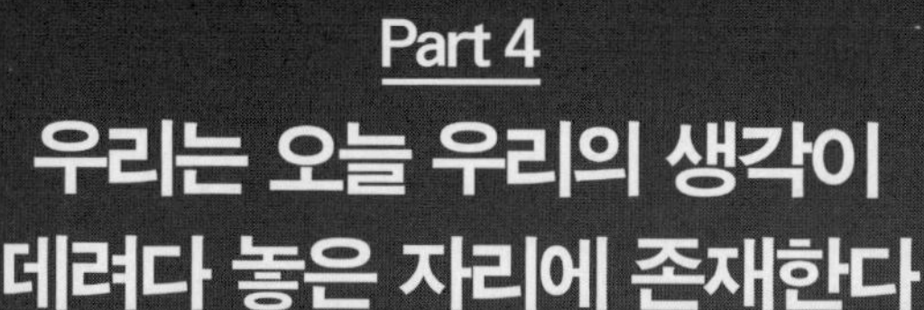

Part 4
우리는 오늘 우리의 생각이
데려다 놓은 자리에 존재한다

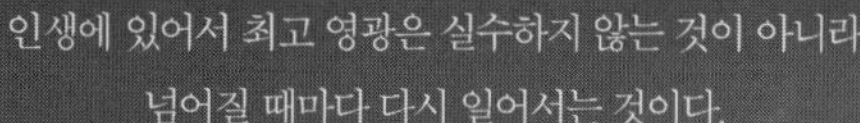

인생에 있어서 최고 영광은 실수하지 않는 것이 아니라
넘어질 때마다 다시 일어서는 것이다.

_톨스토이

바쁘다는 핑계로 몸을 혹사하고 있지는 않은가?

이 세상에서 가장 어리석은 일은 약간의 이익을 얻기 위해
자신의 건강을 희생하는 것이다.
_ 키에르케고르

허리가 아파서 병원을 찾은 적이 있다. 그런데 허리를 다친 이유가 좀 황당하다. 머리를 감다가 그랬기 때문이다. 여느 날처럼 머리를 감으려고 고개를 숙인 순간, 허리가 삐끗하고 만 것이다. 가슴이 탁 막히는 게 어찌나 아프고 답답하던지 제대로 숨을 쉴 수조차 없었다. 그러니 허리를 곧게 펼 수도 없었다. 통증이 어찌나 심한지 저절로 비명이 나왔다. 급기야 꺽꺽 소리를 내며 울고 말았다. 아무리 참으려고 해도 나도 모르게 눈덩이 같은 눈물이 뚝뚝 떨어졌다.

결국, 꾸부정한 자세 그대로 병원을 찾았다. 그렇게 해서 가까스로 허리를 다시 곧추세울 수 있었지만 한 달 동안이나 통원치료를 받아야만 했다.

당시 아파서 어쩔 줄 모르는 내게 의사 선생님은 이렇게 말했다.

"컴퓨터 앞에 너무 오래 앉아있지 마세요. 근육이 굳습니다. 종종 일어나서 몸도 풀어주고 움직여주세요. 어떤 여성분은 머리에 핀을 꽂다가 어깨를 삐끗해서 찾아온 경우도 있습니다. 경직된 삶보다는 활동적인 삶을 살아야 해요. 그러자면 건강할 때 많이 움직여야 합니다."

바쁘게 살다 보면 건강에 소홀해지기 마련이다. 그러다 보니 건강에 문제가 생겼는데도 움직이는 데 별 지장이 없으면 대수롭지 않게 넘어가곤 한다. 하지만 그건 그리 현명한 일이 아니다. 병이 더 깊어지기 전에 병원을 찾는 게 좋기 때문이다. 컴퓨터도 바이러스에 걸리면 AS를 받듯 우리 몸 역시 피로가 쌓이고 병이 들면 일단 쉬면서 몸을 돌봐야 한다. 아무리 재산이 많은들, 아무리 훌륭한 명성을 가진들 몸이 아프면 아무 소용이 없기 때문이다.

아픈 사람을 보면 참으로 안쓰럽고 마음이 아프기 그지없다. 다른 것은 다 대신해줄 수 있지만, 그것만큼은 대신해줄 수 없기 때문이다. 그 때문에 하루하루 아픔 없이 산다는 게 얼마나 행복한 일인지 모른다.

건강한 몸에서 건강한 미래가 나오는 법이다. 값비싼 운동기구를 사거나, 휘트니센터에 다니라는 말이 아니다. 잠시 시간을 내서 허리 한 번 펴고, 고개를 들어 하늘 한 번 쳐다보는 것만으로도 충분하다. 건강한 몸이야말로 활력 넘치는 삶의 최고 비결이요, 행복이자, 자산임을 명심해야 한다.

건강한 몸에서 건강한 미래가 나온다

최고의 건강 비법을 남긴 의사 _ 볼 하페

"선생님, 퇴근 안 하시고 뭐 하세요?"

언제 진료실에 들어왔는지 간호사가 의사를 향해 말했다. 그러자 백발이 성성한 의사는 깜짝 놀란 표정을 지었다.

"이렇게 불쑥 진료실에 들어오면 어떡해요?"

"불쑥이라뇨? 수십 번도 더 노크했는데, 선생님이 아무 반응도 없어서 걱정되어 들어온 것이라고요."

"아, 아, 그랬군요. 정말 미안하게 되었습니다."

그제야 의사는 머리를 긁적이며 멋쩍은 표정을 지었다.

"선생님, 그런데 뭘 그렇게 열심히 쓰고 계세요?"

"책을 한 권 쓰고 있습니다."

"책이요?"

"네, 죽을 때가 가까워지니 뭔가를 남기고 싶은 욕심이 자꾸 생겨서 몇 자 적는 중입니다."

그 후 의사는 채 일 년도 넘기지 못하고 일흔이라는 나이로 삶을 마감하고 말았다. 그가 남긴 건 오직 한 권의 책뿐이었다. 사실 그때만 해도 일흔까지 살았다는 건 최고로 장수한 셈이었다. 그도 그럴 것이 병에 걸린다고 해도 그 병을 치료할 만한 약도 없었을 뿐만 아니라 다들 먹고 살기에 바빠서 몸을 돌보 여유조차 없었기에 쉰 살만 넘겨도 장수하는 축에 속했다.

세월이 흘러, 어느 날 경매시장에 그의 유산인 책이 출품되었다. 최고의 의술을 지닌 의사였기에 분명 그가 쓴 책에도 대단한 건강 비법이 적혀 있을 것이라고 사람들은 생각했다.

"아마 저 책 속에 놀라운 건강 비법이 가득 적혀 있을 거야."

"그래, 분명 생명을 연장할 수 있는 비법이 가득할 거야."

경매장 안에 그런 말이 급속히 퍼지자, 경매가가 하늘 높은 줄 모르고 기하급수적으로 치솟았고, 책은 어느 백만장자에게 매우 높은 가격에 팔리게 되었다.

백만장자는 세계 최고의 보물을 손에 넣었다는 생각에 매우 만족스러운 표정을 지었다. 그리고 책의 봉인을 조심스럽게 뜯었다. 과연, 책 속에 어떤 건강 비법이 적혀있을까? 하고 사람들은 모두 긴장된 표정으로 그를 지켜보았다.

　백만장자는 두근거리는 마음으로 한 장 한 장 페이지를 넘겼다. 하지만 아무리 책장을 넘겨봐도 글씨 하나 보이지 않았다. 처음부터 끝까지 모두 백지였다.

　"이게 뭐야? 그냥 백지잖아. 왜 아무것도 적혀 있지 않지?"

　"조금 더 넘겨보세요. 분명 뭔가 적혀 있을 거예요."

　그러나 아무리 책장을 넘겨도 책은 백지 그대로였다. 지켜보던 사람들 역시 실망한 표정이 역력했다. 그런데 책의 맨 뒷장에 뭔가가 적혀 있었다.

머리는 차게! 발은 따뜻하게! 지나친 욕심은 금물! 마음은 편안하게!

　너무도 당연한 말이었지만 진리임이 틀림없는 이 말을 의사는 마지막 유언으로 남긴 것이다.

행복과 행운 중 무엇이 더 소중한가?

친절은 이 세상을 아름답게 만들며, 모든 비난을 해결한다.
그리고 암담한 것을 즐거움으로 바꾸는 힘을 가지고 있다.
_톨스토이

혹시 '조지 볼트'라는 이름을 들어본 적이 있는가. 그는 친절 하나로 평범한 호텔 종업원에서 세계적인 호텔의 경영자가 된 사람이다. 그의 이야기는 사람에 대한 진정한 애정과 친절이 한 사람의 삶에 어떤 결과를 미치는지 잘 보여주고 있다.

행운을 싫어하는 사람은 아마 없을 것이다. 그러나 행운은 기다린다고 해서 찾아오는 게 아니다. 행운은 간절히 바라고 노력하는 사람에게만 찾아오는 특별한 선물과도 같기 때문이다. 생각해보라. 우리 주위에 행운을 가진 사람들은 과연 어떤 사람인지. 그들은 뭔가를 해내기 위해 매일 열심히 땀 흘리며 살아가는 아주 평범한 사람들이다.

행운은 절대 공짜로 얻어지는 것이 아니다. 그것은 땀과 노력이 우리에게 보답하는 감사의 마음이다. 하지만 주의해야 할 점이 있다. 너무 행운에만 집착해서는 안 된다는 것이다. 네 잎 클로버를 찾기 위해 수많은 시간을 허비하고 애쓰는 것보다 차라리 세 잎 클로버를 통해 평범하지만 가치 있는 삶을 만드는 것이 훨씬 더 의미 있고 아름답기 때문이다.

혹시 세 잎 클로버의 꽃말을 아는가? 바로 '행복'이다. 사람들은 네 잎 클로버의 행운만을 추구할 뿐 세 잎 클로버의 행복을 외면하곤 한다. 하지만 행복 없는 삶을 과연 행운이라고 말할 수 있을까?

행운은 행복이 모여서 만드는 것이다. 그 때문에 마냥 행운을 기다리기보다는 행복한 삶을 살기 위해서 노력해야 한다. 그래도 여전히 행운을 원한다면, 여기 행운에 이르는 지름길이 있다. 그것은 다름 아닌, 자기에게 주어진 일을 성실히 하고, 힘들고 고통스럽지만 한 번 더 이겨내고, 매사에 늘 웃고, 즐기며, 어떤 절망 속에서도 희망을 믿는 것이다. 그러면 언젠가는 반드시 생각하지도 못했던 행운이 찾아올 것이다.

작은 친절이 가져온 큰 행운

작은 친절 하나로 호텔왕이 된 호텔리어 _ 조지 볼트

'우르르 쾅쾅!'

조금 전까지만 해도 햇볕이 쨍쨍하던 하늘에서 갑자기 강한 바람이 불더니 요란한 천둥소리와 함께 굵은 빗방울이 쏟아졌다.

"날씨가 한번 참 변덕스럽군."

"그러게 말이에요. 마치 하늘에 구멍이라도 난 것 같아요."

오랜만에 필라델피아 여행에 나선 노부부는 변덕스러운 날씨 탓에 어쩔 수 없이 여행을 멈춰야만 했다.

"우리 여행은 여기서 그만 끝내고, 오늘 밤 묵을 호텔이나 한번 찾아 봅시다."

"예약을 안 했는데, 방이 있을지 모르겠네요."

"그러게 말이야. 이럴 줄 알았으면 예약을 해놓을 걸 그랬어."

노부부는 비를 흠뻑 맞으며 한 호텔을 향해 뛰었다. 그리고 잠시 후 호텔 로비에 들어서며 안도의 한숨을 내쉬었다.

"실례합니다. 예약을 하지 않았는데, 혹시 빈방 있습니까?"

그러자 젊은 직원 하나가 가볍게 고개를 숙인 후 노부부를 향해 정중하게 대답하였다.

"죄송합니다만, 오늘은 예약이 가득 찼습니다."

직원의 말에 노부부는 난처한 표정을 지었다.

"이 일을 어쩌나. 혹시 다른 방법이 없을까요? 지금 밖에 비바람이 매우 심하게 불거든요."

"잠시만 기다려주십시오. 제가 방법을 한번 찾아보겠습니다. 아마 근처에 있는 다른 호텔에는 빈방이 있을지도 모릅니다."

노부부는 그제야 안도의 한숨을 쉬었다.

직원은 여기저기에 전화를 걸었다. 하지만 결코 표정이 밝지 않았다. 단 한 곳도 빈방이 남아 있지 않았기 때문이다. 관광 시즌이었기 때문에 호텔마다 예약이 꽉 찼던 것이다.

"손님, 어떡하죠? 다른 호텔도 빈방이 전혀 없다고 하네요."

노부부는 눈을 깜박거리며 한숨을 쉬었다.

"이 일을 어쩌나. 옷도 젖고 해서 빨리 목욕을 한 후 쉬어야 할 텐데."

노부부는 어쩔 줄 몰라 하며 서로를 쳐다보았다. 그때 직원이 그들을 향해 조심스럽게 말을 건넸다.

"손님, 오늘 같은 날은 운전하는 데 매우 위험합니다. 혹시 실례가 되지 않는다면, 누추하지만 제 방에서 주무시면 어떻겠습니까?"

"정말 그래도 됩니까?"

"누추하긴 하지만, 괜찮으시다면 사용하셔도 됩니다."

"예, 정말 감사합니다. 비만 피할 수 있다면 어디라도 상관없습니다."

그렇게 해서 노부부는 직원의 방에서 하룻밤을 무사히 보낼 수 있었다. 그리고 다음 날 아침 호텔을 떠나면서 그에게 고개 숙여 감사의 인사를 전했다.

"정말로 고맙습니다. 덕분에 무척 편안하게 잤습니다. 당신은 분명 세계 최고 호텔의 경영인이 될 자격이 있습니다."

그 후 2년이란 세월이 흘렀다. 어느 날 그 앞으로 편지 한 통과 뉴욕행 비행기 표가 도착했다. 바로 2년 전 잠자리를 제공했던 노신사가 보낸 것이었다.

당신을 초대합니다. 꼭 와주십시오!

초대의 내용을 자세히 알 수는 없었지만, 그는 노신사의 성의를 봐서 초대에 응하기로 하고 얼마 후 뉴욕을 방문하게 되었다.

“다시 뵙게 되어서 반갑습니다.”

“네, 오랜만에 뵙겠습니다. 그런데 무슨 일로 저를 초대하셨는지?”

그러자 노신사는 창문을 가리고 있던 커튼을 걷은 후 건너편에 보이는 웅장한 호텔 건물을 가리키며 말했다.

“나 대신 저 호텔을 경영할 사람을 찾던 중 문득 당신 생각이 나지 뭡니까? 그래서 말인데, 나 대신 저 호텔을 맡아줄 수 있겠소?”

“예, 제가 저 호텔을요? 저 호텔은 월도프 아스토리아가 아닙니까? 어떻게 저런 큰 호텔을 제가…”

“당신은 충분히 그럴만한 자격이 있소. 그러니 제발 나 대신 저 호텔을 맡아주시오.”

그렇게 해서 그는 전 세계 국가 원수들의 단골 호텔로 주목받는 최고급 호텔 월도프 아스토리아의 사장이 되었다. 그가 바로 작은 친절 하나로 호텔왕의 자리에 오른 조지 볼트였다.

돈과 우정, 사랑 중 무엇이 가장 소중한가?

욕심이 적으면 적을수록 인생은 행복하다.
이 말은 비록 낡기는 했지만, 결코 모든 사람이 다 안다고 할 수 없는 진리와도 같다.
_ 존 레넌

돈을 세상에서 가장 중요한 가치라고 생각하는 사람이 으외로 많다. 물론 돈이 우리 삶에 있어 큰 부분을 차지하는 건 부인할 수 없는 사실이다. 돈이 많으면 좋은 차도 살 수 있고, 좋은 옷도 입을 수 있으며, 좋은 집에서도 살 수 있기 때문이다. 하지만 그렇다고 해서 돈이 삶의 전부는 아니다.

친구와의 우정, 부모님의 사랑, 가족의 행복, 오랜만의 휴식에서 느끼는 자유, 목표를 이룬 뒤에 느끼는 성취감, 일에 대한 열정과 끊임없이 시도하는 도전정신… 이는 돈으로는 절대 살 수 없을 뿐만 아니라 돈과는 비교할 수도 없을 만큼 중요하고 아름다운 가치를 지니고 있다.

돈이 전부라고 생각하는 순간, 인생은 사막처럼 메마르고 사람들과의 관계는 형식적이고 가식적으로 변해갈 것이다.

돈보다 더 중요한 가치를 찾아야 한다. 그것이 일이 되었든, 사람이 되었든. 그리고 그것을 찾았다면 평생 그것을 지키면서 살아야 한다. 그것이야말로 삶을 제대로 사는 것이며, 올바르게 사는 최고의 비결이기 때문이다.

돈보다 더 중요한 가치를 찾아야 한다

독립 인도의 초대 수상 _ 자와할랄 네루

한국을 대표하는 학자 10여 명이 인도 네루 수상을 만나기 위해 인도행 비행기에 몸을 실었다. 인도에 도착하자, 그들을 가장 먼저 맞이한 것은 찌는 듯한 무더위였다.

"인도가 덥다는 얘기는 많이 들었지만, 설마 이 정도일 줄은 미처 몰랐습니다."

"그러게 말입니다. 운동이 따로 없군요."

어찌나 땀을 많이 흘리는지 마치 비를 맞은 듯했다.

잠시 후 그들은 안내원을 따라 수상이 머무는 공관으로 이동했다. 하지만 이동하는 중에도 계속해서 땀이 흘러내리자, 그들 중 한 명이 농담하듯 말했다.

"이러다가 공관에 도착하기도 전에 숨 막혀 죽겠습니다."

"하하하, 조금만 더 참으세요. 공관은 시원하겠지요."

그렇게 해서 그들은 약속 시각보다 30여 분 정도 일찍 수상의 관저에 도착했다. 말끔한 정장을 입은 비서가 그들을 정중하게 맞았다.

"먼 길 오시느라고 수고하셨습니다. 여기서 잠시만 기다려주십시오."

그러고는 얼굴 가득 웃음을 지으며 방을 나섰다. 하지만 학자들의 얼굴은 여전히 일그러져 있었다. 그곳 역시 무덥기는 마찬가지였기 때문이다.

"이렇게 더운 날씨에 냉방장치도 되어 있지 않다니. 이럴 거면 우리를 왜 초대한 것인지 모르겠군요. 혹시 우리를 얕잡아 본 건 아닐까요?"

성격 급한 한 학자가 불만을 토로했다. 그러나 그들을 더욱 화나게 한 건 따로 있었다. 바로 딱딱한 나무의자였다.

"먼 곳에서 수상을 만나러 온 사람들을 이렇게 함부로 대하다니, 인도는 참으로 예의가 없는 나라네요."

잠시 후 다시 나타난 비서는 그들을 수상의 집무실로 안내했다. 이에 학자들은 불편한 기색을 애써 참으며 그를 따라 수상의 집무실에 들어섰다.

순간, 그들은 깜짝 놀라며 서로를 쳐다보았다. 거기에는 당연히 있을 줄 알았던 냉방장치가 그곳에도 없었기 때문이다.

네루 수상은 얼굴 가득 미소를 지으며 그들을 반갑게 맞았다.

"어서 오십시오. 먼 길 오시느라 수고 많으셨습니다. 저런 땀을 많이 흘리시는군요. 무척 더우시죠?"

"아, 예…"

"먼 길 오셨는데, 불편하게 해서 정말 죄송합니다."

"아, 아, 아닙니다."

그러면서 수상 역시 더운지 손수건으로 이마의 땀을 계속해서 훔쳤다. 그러나 그들은 대접이 소홀하다며 불평하던 자신들의 모습이 부끄러워서 한참 동안 아무 말도 하지 못했다. 찌는 듯한 날씨에도 냉방장치 하나 없이 업무를 보며 검소한 생활을 하는 수상을 보자 저절로 고개가 숙여진 탓이다. 더욱이 수상 역시 딱딱한 나무 의자에 앉아 모든 일을 처리했다. 이에 일행 중 한 사람이 왜 편하고 부드러운 의자 대신 딱딱한 나무 의자에 앉아서 일하는지 그 이유를 물었다. 그러자 수상은 이렇게 대답하였다.

"편안한 의자에 앉으면 생각도 그만큼 편해지기 때문입니다. 딱딱한 나무 의자가 불편한 것은 저 역시 마찬가지입니다. 하지만 거기에 앉아서 일하게 되면 국민의 어려움을 잊지 않고, 모든 일을 바르게 돌볼 수 있습니다."

Question 04

얼마나 인내할 수 있는가?

인내하는 사람들은 다른 사람들이 실패하고,
끝나는 바로 그곳에서 성공하기 시작한다.
_ 에드워드 이글스톤

흔히 이런 말을 자주 하곤 한다. "기다리다 보면 좋은 결과가 온다." 라고. 여기서 말하는 '기다림'이란 막연한 기다림이 아닌 믿음을 전제로 한 기다림을 말한다. 믿음이 없으면 기다림도 없고, 기다림이 없으면 보답도 없기 때문이다.

그렇다. 믿고 기다려야만 기다림의 대가가 있다. 예술작품을 예로 들어보자. 사실 예술작품이야말로 기다림과 믿음의 합작품이라고 할 수 있다.

하회탈의 재료로 쓰이는 오리나무는 응달에서 무려 2년이란 시간 동안 말려야 한다고 한다. 바람과 빛을 고스란히 받아들이고 긴 인내의 시간을 보내야만 멋진 탈이 될 수 있기 때문이다. 그렇지 않고 이제 막 베어낸 오리나무로 만든 탈은 그리 오래가지 못하고 변형되거나 쪼개지고 만다. 당연히 예술품으로의 가치 또한 전혀 없다.

흔히 인생을 가리켜 '기다림의 연속'이라고 말하곤 한다. 그 말마따나 오늘 하루만 해도 우리는 참으로 많은 기다림 속에서 살았다. 출퇴근 시간에 지하철을 기다리고, 버스를 기다리고, 신호등을 기다리고, 엘리베이터를 기다리고, 약속한 사람을 기다리고, 음식을 기다리고, 퇴근 시간을 기다리고, 달콤한 휴식시간을 기다렸다.

이렇듯 우리는 헤아릴 수도 없는 수많은 기다림 속에서 울고, 웃으며, 성장하고, 좌절하며, 조금씩 인생을 배워간다.

기다림이란 단어에는 쓸쓸함이 배어있다. 그러나 조금만 달리 생각하면 기다림만큼 행복한 일도 없다. 설렘을 동반하기 때문이다. 첫눈이 오기를 기다리고, 씨앗이 열매 맺기를 기다리고, 그 사람이 나를 찾아오기를 기다리고…. 이 얼마나 가슴 설레고 벅찬 일인가. 그 설레는 마음에 믿음 하나만 더 있는다면 그 기다림은 절대 헛되지 않을 것이다.

삶은 무수한 기다림의 연속이다

프로야구〈OB 베어스〉전 감독_김인식

1998년은 국내 프로야구에 큰 변화가 있었던 해다. 국내 프로야구 사상 외국인 선수가 처음으로 그라운드를 밟게 되었기 때문이다.

각 구단 관계자와 감독은 시즌 개막을 앞두고 숨은 진주를 발굴하기 위해 서둘러 외국으로 향했다. 〈OB 베어스〉 감독 역시 서둘러 구단 관계자와 함께 미국으로 출발했다.

"다른 팀에서 좋은 선수를 낚아채기 전에 서둘러야 합니다."

"알겠습니다. 반드시 좋은 선수를 발굴하도록 하겠습니다."

"그나저나 앞으로 우리 야구가 더욱 풍성해질 것 같군요."

"그렇습니다. 그렇게 되면 국내 선수들 역시 많은 자극을 많이 받을 것입니다."

며칠 후 여러 선수를 꼼꼼히 살피던 감독이 한 선수를 가리키며 말했다.

"저 선수가 좋을 것 같군요. 다리도 빠르고, 무엇보다도 수비가 안정되어 있어요."

"저도 감독님 생각과 같습니다. 기록을 보니 타격 실력도 매우 뛰어납니다."

"그럼, 저 선수로 결정하지요. 다른 팀에서 손을 쓰기 전에 어서 서두릅시다."

"알겠습니다."

감독은 고민할 것도 없이 에드가 케세레스를 낙점했다. 그리고 또 한 명의 선수를 놓고 고심을 거듭했다. 두 번째로 그의 눈에 들어온 선수는 타이론 우즈였다. 그런데 안타깝게도 그는 연습경기 내내 헛스윙만 반복했다. 수비 역시 불안했다. 오죽하면 감독과 함께 그 모습을 지켜본 팀 관계자가 혀를 내두를 정도였다.

"감독님, 저 선수 좀 보세요. 어떻게 저런 실력으로 프로야구에서 뛰겠다고 나왔는지 모르겠어요."

그러나 감독의 생각은 달랐다.

"그래요? 하지만 제 생각은 좀 다릅니다. 저 선수로 합시다."

"감독님, 지금 농담하시는 거죠?"

"농담이라뇨? 저 선수로 합시다. 오늘은 몸 상태가 별로 좋지 않은 것 같습니다. 그러나 분명 가능성이 있어요. 제 눈에는 엄청난 잠재력이 보입니다. 저 선수를 영입합시다."

"감독님! 그건 안 됩니다. 우리에게 필요한 건 이번 시즌입니다. 잠재력도 좋고 가능성도 좋지만 지금 당장 써먹지 못하면 우리에게는 큰 손해입니다. 그리고 솔직히 말해서 제가 보기에는 국내 선수보다도 실력이 좋지 않습니다. 제발 다시 한 번 생각해보세요."

"아닙니다. 저는 꼭 저 선수를 영입해야겠습니다. 저 선수 외에 다른 선수는 눈에 들어오지 않습니다."

감독과 구단 관계자는 한 치의 양보 없는 설전을 펼쳤다.

"감독님, 저 선수는 정말 아닙니다."

"저를 믿어보세요. 저 선수가 우리 팀에 크게 기여할 것입니다. 만약 저 선수가 별 볼 일 없으면 제가 책임지겠습니다."

결국, 감독의 주장대로 〈OB 베어스〉는 케세레스와 타이론 우즈를 선택하였다.

개막과 함께 우즈는 선발 1루수로 투입되었다. 하지만 감독의 기대와 달리 계속 헛스윙만 반복할 뿐 팀의 승리에 전혀 도움이 되지 못했다. 특히 타율이 채 2할도 안 되었다. 그러나 감독은 계속해서 그를 선발 3번 타자로 출전시켰다. 그러자 다른 선수들 역시 감독을 향해 조금씩 불만을 토로하기 시작했다.

"감독님, 우즈 때문에 타선의 흐름이 자주 끊깁니다."

"3번 타자면 3번 타자 몫을 해줘야 하는데, 지금 우즈는 그 역할을 전혀 하지 못하고 있습니다. 우즈만 너무 편애하는 것 아닌가요?"

"우즈는 변화구에 너무 약한 것 같습니다. 그러니 이쯤에서 다른 선수로 교체하는 게 낫지 않을까요?"

그러나 감독은 그 어떤 말에도 절대 흔들리지 않았다.

"알겠습니다. 하지만 그를 믿고 조금만 더 기다려봅시다."

그런 감독의 믿음이 우즈에게 전달된 것일까. 우즈는 더 열심히 타격 연습을 했고 타석에 섰을 때 그 누구보다도 더 집중했다. 그리고 마침내 그의 시대가 열렸다.

"우즈, 한 방 부탁한다."

감독이 우즈에게 공격 사인을 보냈다. 우즈는 고개를 끄덕이며 이를 악물었다. 그는 전반기 부진을 뛰어넘어 연타석 홈런 행진으로 국내 프로야구 한 시즌 최다홈런 기록을 경신하였다. 그야말로 엄청난 괴력이었다.

혹자는 말한다. 우즈를 만든 건 그의 실력도 실력이지만 우직하게 그를 믿고 기다려준 감독이었다고. 선수를 믿고 스스로 발전하게 만든 감독, 그가 바로 제1회 월드베이스볼클래식에서 한국야구를 4강으로 이끌며 믿음의 리더십을 보여준 '김인식'이다.

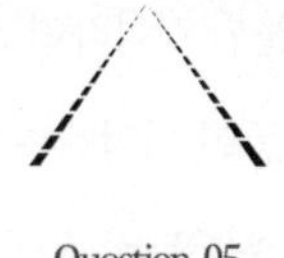

Question 05

감동을 선물한 적이 있는가?

오직 다른 사람을 위해서 산 인생만이
가치 있는 삶이다.
_ 알베르트 아인슈타인

사람은 누구나 실수를 하게 되어 있고, 한계에 부딪히게 마련이다. 그 때문에 다른 사람의 도움이 필요하다. 그러나 주위를 살펴보면 다른 사람의 도움을 받는 걸 싫어하는 사람이 적지 않다.

누구도 혼자서 살아갈 수는 없다. 다른 사람들과 어울리며, 서로 도우면서 살아가야 한다. 실수나 부족함은 절대 창피한 게 아니다. 도움이 필요한 사람이 있으면 적극적으로 도와야 하고, 힘든 일이 있으면 혼자서 괴로워하지 말고 다른 사람에게 적극적으로 도움을 요청해야 한다.

감동이 담긴 선물 앞에서 무너지지 않을 사람은 결코 없다. 선물을 받는 것만으로도 충분히 행복한데, 그 안에 상상할 수 없을 만큼의 감동까지 담겨 있다면, 아무리 차갑고 냉정한 사람이라도 크게 감동할 것이 틀림없다.

그렇다. 이왕 누군가에게 선물할 것이라면 그 안에 감동도 함께 담아보자. 내가 준 선물을 누군가가 오랫동안 기억해준다면 그것만큼 행복한 일은 없을 것이다. 그렇다고 해서 값비싼 선물이나 이벤트를 준비하라는 얘기는 아니다. 아무리 작은 선물이라도 마음과 정성을 담는다면 받는 사람이 더 행복해하고, 더 오랫동안 우리를 기억할 것이다. 따라서 사랑하는 사람에게, 좋아하는 사람에게, 고마운 사람에게 덩그러니 선물만 전달하기보다는 정성과 마음을 함께 전하는 것이 좋다. 그러면 서로 간의 마음의 거리는 더욱 좁혀지고, 세상은 더욱 행복하고 아름다워질 것이다.

살아 있는 모든 것에 감사하라

봉사와 헌신의 삶을 산 밀림의 성자_알베르트 슈바이처

"너, 요새 건방지다."

덩치 큰 아이 하나가 알베르트 슈바이처의 길을 가로막으며 말했다.

"저리 비켜! 너한테 잘못한 것도 없는데 왜 그러는 거야?"

"뭐라고? 좋아, 꼭 이 길로 가고 싶다면 내 다리 밑으로 기어가도록 해."

슈바이처는 화가 머리끝까지 솟아올랐다.

"왜 그래? 자꾸 이러면 나도 못 참아!"

그 말에 덩치 큰 아이는 피식하고 슈바이처를 비웃었다.

"못 참으면 어쩔 건데? 덤빌 테면 어디 덤벼봐!"

슈바이처는 두 주먹을 불끈 쥐었다가 다시 폈다. 아버지의 말이 떠올랐기 때문이다.

“알베르트! 친구들과 사이좋게 지내야 한다.”

슈바이처는 잠시 고민에 빠졌다. 그런데 그 순간, 덩치 큰 아이가 갑자기 그를 향해 주먹을 날렸다.

“목사 아들이면 다야! 내 주먹맛 좀 봐라!”

다행히 슈바이처는 그 주먹을 피했다. 그리고 그 아이를 잽싸게 쓰러뜨린 후 상체를 올라타고 앉았다.

“내가 이겼지? 체격이 작다고 너보다 약한 게 아니란 말이야.”

“그래, 네가 이겼어.”

그 아이는 슈바이처의 승리를 인정했다. 하지만 곧이어 억울하다는 듯 소리쳤다.

“넌 아빠가 목사이기 때문에 평소에 맛있는 음식을 많이 먹잖아. 그러니 나처럼 굶어본 적도 없을 거야. 넌 가난한 사람의 마음을 몰라!”

그 말에 슈바이처는 아무 대꾸도 할 수 없었다. 같은 마을에 살면서도 어떤 사람은 고기를 먹고, 또 어떤 사람은 굶고 있다는 사실을 자기 역시 잘 알고 있었기 때문이다. 순간, 자신이 몹시 부끄럽게 느껴졌다. 부족한 것 하나 없이 자랐으면서도 늘 부모님께 투정을 부리고 더 많은 욕심을 챙기려고 했기 때문이다.

그때부터 그는 다른 사람들을 위해서 자신이 뭘 할 수 있을지에 대해서 진지하게 고민하기 시작했다.

세월이 흘러 어른이 된 그는 무엇을 할지에 대해서 수많은 고민을 했다. 대학교수가 되어 후배들을 양성할 것인지, 아버지처럼 목사의 길을 걸을 것인지 고민에 고민을 거듭했다. 그러다가 문득 어린 시절의 그 일이 생각났다.

"넌 한 번도 굶어본 적이 없잖아! 넌 가난한 사람들의 마음을 잘 몰라!"

그 한 마디가 그의 마음을 울렸다. 결국, 그는 고민의 마침표를 찍고 의사가 되기로 했다. 가난하고 병든 이들을 위해서 평생 의료봉사를 하기로 마음먹은 것이다. 어린 시절의 경험이 그의 마음을 열었고 그의 눈과 발을 봉사의 길로 이끈 것이다.

그 후 공부에 매진해서 박사 학위를 취득한 그는 망설이지 않고 곧장 아프리카로 떠났다. 그리고 그곳에서 가난하고 병든 사람들을 위해 헌신했다. 하지만 어려운 점이 하나둘이 아니었다. 특히 두 차례의 세계대전 후 후원단체의 지원금 중단으로 지독한 재정적인 어려움을 겪게 되었을 때는 아무것도 할 수 없는 자신이 원망스럽기까지 했다. 다행히 그의 사정을 잘 알고 있는 지인들로부터 약간의 후원금을 받긴 했지만, 그것만으로는 충분치 않았다.

'이거 참 큰일이군. 이대로 가다가는 봉사활동도 못 하겠어. 직접 나설 수밖에.'

그는 재정적인 어려움을 해결하기 위해 오르간을 이용하기로 했다. 음악적인 감각이 뛰어났던 그는 특히 오르간을 잘 다루었다. 그때부터 그는 유럽 각국을 돌며 오르간 연주회와 강연을 통해 부족한 의약품과 기자재를 스스로 충당했다.

이렇듯 그는 단 한 순간도 봉사의 마음을 잊지 않고 그 마음을 직접 행동으로 옮긴 따뜻한 성자이자 존경받는 의사였다.

Question 06

책임을 회피하고 있지는 않은가?

인생에 있어서 최고 영광은 실수하지 않는 것이 아니라
넘어질 때마다 다시 일어서는 것이다.
_**톨스토이**

우리는 종종 이런 사람을 목격하곤 한다. 자신에게 유리한 권리는 목에 핏대를 세우면서 소리 높여 주장하고, 정작 자신이 해야 할 의무에는 소홀한 채 책임을 회피하거나 방관하는 사람들 말이다. 물론 삶이라는 전쟁터에서 스스로 앞장서며 '나를 따르라'고 소리치는 게 결코 쉬운 일은 아니다. 어떤 일에 책임을 진다는 건 자신에 대한 불이익도 그만큼 감수한다는 뜻이기 때문이다. 하지만 그렇다고 해서 책임으로부터 자유로운 것은 절대 아니다. 오히려 더 막중한 사명감을 가져야만 한다.

대학 시절 연극 동아리 활동을 한 적이 있다. 그런데 공연을 일주일쯤 앞두고 후배 한 명이 그만 도망을 가버렸다. 연습이 꽤 힘들고 답답했던 모양이었다. 갑작스러운 상황에 연출자는 당연히 화를 냈고, 선배들 또한 기막힌 사태에 모두 어리둥절해 했다.

그때부터 며칠 동안 우리는 도망간 후배를 찾느라 혈안이 되었다. 하지만 아무리 찾아봐도 후배의 모습은 보이지 않았다.

그렇게 시간이 흘렀다. 학교 게시판이며, 강의실, 복도 등에 공연을 알리는 포스터를 이미 다 붙여놓은 터라 공연을 취소할 수도 없었다. 어쩔 수 없이 연출자가 후배의 빈자리를 대신해야만 했다. 문제는 대사였다. 그 양이 실로 엄청났기 때문이다. 그 때문에 연출자와 선배들은 어서 그때까지도 후배가 다시 돌아와 주기만을 바랐다. 그러나 그는 끝내 모습을 나타내지 않았다. 결국, 연출자가 무대에 올라 연기를 해야 했고, 우여곡절 끝에 공연은 무사히 마무리되었다.

그 후 오다가다 그 후배를 강의실 복도에서 몇 차례 만난 적이 있다. 하지만 아는 체할 수가 없었다. 미워서가 아니었다. 나중에라도 자신의 잘못을 인정하고 용서를 빌었으면 좋았을 텐데, 그런 절차가 일절 없었기 때문이다. 어쩌면 후배 역시 동아리 사람들 쯤이야 안 보면 그만이라고 생각했을지도 모른다. 물론 그렇기는 하다. 하지만 그 후배 처지에서 보면 평생의 오점을 남겼다고 할 수 있다. 어디서든 동아리 사람들을 만나면 괴로울 것이 틀림없기 때문이다. 그 고통이 얼마나 클지 생각하니 측은한 생각마저 들었다.

이렇듯 어떤 잘못이나 실수를 했을 때 책임을 지려면 적지 않은 용기와 결단이 필요하다. 스스로 잘못의 매듭을 풀어야 하기 때문이다. ‘다음에, 다음에’ 하고 계속 미루기만 하다가는 결국 책임을 외면하게 되고, 그 일과 관련

된 사람들과도 벽을 쌓게 되고 만다.

이렇게 생각해보는 건 어떨까. 삶이 다해 하늘나라에 가게 되면 지상에서 있었던 모든 일에 대해서 반드시 책임을 져야 한다고 말이다. 그러면 아마도 지금 자신이 하는 말과 행동에 대해 조금은 더 신중하고 조심스러워 하며, 다른 사람에게 피해를 주는 일도 점점 줄어들 것이다.

실수나 잘못은 누구나 할 수 있다. 하지만 그것을 대하는 마음이 문제다. 따라서 잘못이나 실수를 피하지 않고 거기에 상응하는 책임을 질 줄 아는 사람이 되어야 한다. 진심만이 얼어붙은 사람의 마음을 움직일 수 있기 때문이다.

책임질 줄 아는 사람이 되라

눈물의 파산을 선고한 〈야마이치증권〉 전 CEO _ 노자와 쇼헤이

"뭐, 파산이라고? 그게 정말이야?"

"그럼, 이제 우리는 어떻게 되는 거야?"

"그러게 말이야. 밥줄이 끊겼으니, 이거 참 큰일이네."

"참 좋은 회사였는데, 하루아침에 이렇게 무너지고 말다니."

한때 증권가의 최강자로 승승장구했던 일본 야마이치증권은 극심한 경기 침체와 경영 악화가 맞물려 결국 문을 닫아야 하는 상황에 이르렀다.

1997년 11월 24일, 야마이치증권에는 아침부터 수많은 취재진으로 붐볐다. 분위기는 무겁고 침울했다. 바로 파산을 선언하는 날이었기 때문이다.

사장은 고개를 푹 숙인 채 사람들 앞에 섰다. 그리고 목소리를 잠시

가다듬더니 이내 마이크가 있는 곳을 향해 걸어가서 떨리는 목소리로 입을 열었다.

"오늘 국민 여러분께 중대 발표를 하고자 합니다. 오늘로써 우리 야마이치증권은 파산을 선언하고자 합니다. 끝까지 살려보려고 노력했지만 역부족이었습니다. 이런 불미스러운 소식을 전하게 되어 국민 여러분께 정말 죄송합니다. 제가 무능한 탓에 회사를 이 지경으로 만들었습니다. 회사가 도산하게 된 건 순전히 제 책임입니다. 그러니 부탁드립니다. 제발 우리 직원들이 거리로 내쫓겨나서 헤매지 않도록 도와주시기 바랍니다. 모든 책임은 제가 안고 가겠습니다."

사장은 연신 허리를 굽실거리며 국민을 향해 사죄의 말과 함께 사원들의 재취업을 부탁했다. 그리고 사원 한 명 한 명을 일일이 안아주며 용기를 북돋워 주었다.

"자네들 앞길을 막은 것 같아서 정말 미안하네."

"자네들 볼 면목이 없네. 내가 책임지고 재취업할 수 있도록 노력할 테니, 너무 걱정하지 말게."

"이번에 중학교에 들어간 아들이 있다고 했지? 그 아들에게 부끄럽지 않도록 내가 애쓸 테니, 자네도 힘을 내게."

사장의 진심 어린 말과 배려에 직원들은 너 나 할 것 없이 눈물을 흘렸다.

"아닙니다, 사장님. 사장님처럼 훌륭한 분을 모시게 되어서 영광이었습니다. 그런데 왜 사장님께서 저희 책임까지 모두 짊어지려고 하십니까?"

"사장님, 저희는 괜찮습니다. 그리고 사장님께서 회사를 살리려고 얼마나 애쓰셨는지 저희도 잘 알고 있습니다. 정말 고생 많으셨습니다."

그 날 사장과 직원들은 서로 부둥켜안은 채 오랫동안 함께 울었다. 그것을 지켜보는 사람들의 마음 역시 애잔하고 촉촉해졌다.

그날부터 사장은 더 의욕적으로 모든 일에 임했다. 반드시 해결해야 할 문제가 있었기 때문이었다. 바로 직원들의 재취업이었다. 그는 아침부터 늦은 밤까지 밥도 굶어가면서 여기저기 열심히 뛰어다녔다.

"우리 직원들은 참으로 유능합니다. 제 잘못으로 인해 그들이 능력을 발휘하지 못해 안타까울 뿐입니다. 그러니 제발 저희 직원들을 채용해주십시오."

이렇게 다른 증권사에 직원들의 재취업을 부탁하느라 하루가 짧을 정도였다. 하지만 대부분 거절하기 일쑤였다. 그럴수록 그는 더 적극적으로 찾아가서 다시 한 번 더 부탁했다. 그리고 마침내 그 노력이 서서히 성과를 내기 시작했고, 재취업률 70%라는 놀라운 성과를 달성했다.

직원들에게 안정적인 직장을 선사한 그는 이번에는 전국을 돌아다니며 '실패학' 강연을 하기 시작했다. 사람들은 실패학이라는 다소 생소하고 부정적인 주제 때문에 강연이 실패할 것이라고 했지만, 강연장은 항상 수많은 청중으로 넘쳐났다.

강연이 끝나면 그는 자신이 데리고 있었던 직원들을 만나 생활에 어려움은 없는지, 필요한 것은 없는지 일일이 물어보았다.

"스즈키 부장, 승진했다며?"

"예."

"그럼, 이제 국장이라고 불러야 하나?"

"하하하, 그게 무슨 말씀이세요. 그나저나 사장님은 요즘 어떻게 지내세요?"

"내 걱정은 하지 말고, 그 회사에서 최고가 되어주게. 그게 내가 자네에게 바라는 걸세."

그는 사원들에게 세상을 살다가 힘든 일, 곤란한 일이 생기면 언제든지 찾아와 상의해달라고 했다. 이런 인간적인 면과 성실함 때문이었을까. 얼마 후 그는 센츄리증권 사장으로 스카우트되었다. 자신의 잘못을 인정하고 책임을 회피하지 않았으며, 무엇보다도 모든 사람을 진심으로 대했기 때문에 이 모든 것이 가능했다.

트렌드를 읽을 수 있는가?

전력을 다해서 자기에게 충실하고 올바른 길로 나가라.
나를 채울 수 있는 것은 오직 나 자신뿐이며, 나를 변화시킬 수 있는 것 역시 나뿐이다.
_ 우렐리우스

빠르게 변해가는 세상에 뒤처지지 않으려면 미래를 읽는 예리한 눈을 길러야 한다. 세상의 흐름에 따라 시시각각 변하는 시대의 코드, 즉 트렌드를 읽을 줄 알아야 하기 때문이다.

다른 사람이 이미 생각한 것, 다른 사람이 이미 만든 것, 다른 사람이 이미 한 것을 따라 하면 별 의미가 없다. 시대가 원하고, 사람들이 원하는 걸 먼저 발견하고 실현해야만 한다. 그러자면, 우선 책을 많이 읽어야 한다. 시대를 읽어야만 시대를 앞서갈 수 있고 미래를 예측할 수 있기 때문이다. 가능하다면 여행도 자주 다니는 것이 좋다. 새로운 문화, 새로운 사람들을 자주 접하고 만날수록 다양한 생각을 할 수 있기 때문이다.

메모 역시 중요하다. 하루에도 무수하게 많은 생각이 머릿속을 스쳐 지나간다. 그런 것을 헛되이 흘려보내지 말고 어딘가에 적어놓자. 어쩌면 그 속에 우리 인생을 바꿀 수 있는 엄청난 힘이 들어 있을 수도 있다.

최고의 자리에 있는 사람과의 만남 역시 필요하다. 분야마다 많은 사람으로부터 존경받는 최고의 사람들이 있다. 그들과의 만남을 시도해보자. 물론 쉽지는 않겠지만, 그 한 번의 만남은 분명 우리에게 큰 자극이 될 뿐만 아니라 꿈을 이루는 데 있어 새로운 계기를 마련해줄 것이다. 만일 그것이 불가능하다면 요즘 들어 많이 시도되고 있는 TV 강연 프로그램을 시청하는 것도 좋은 방법이다. 과연 그들은 나와 같은 나이에 어떤 생각을 했고, 어떻게 위기를 극복했는지 듣고 있다 보면 삶에 꽤 유용한 도움이 될 것이다.

그렇다고 해서 무작정 그들을 좇아서는 안 된다. 어디까지나 우리 삶의 주인공은 우리 자신이다. 그들의 성공 비결을 토대로 우리만의 성공 원칙을 만들어 가야 한다. 마지막 한 걸음은 반드시 혼자서 가야 한다는 사실을 명심해야 한다.

시대의 흐름을 읽어라

전 세계 어린이의 마음을 사로잡은 〈텔레토비〉 제작자 _ 앤 우드

"할머니, 하늘이 왜 파란 줄 아세요?"

"글쎄, 왜 파랄까?"

"바다가 파라니까 그렇죠. 바다를 뒤집으면 하늘이 되잖아요."

"아, 그렇구나. 그런데 뭔가 이상하구나."

"뭐가요?"

"바다가 뒤집어져서 하늘이 되었다면, 바닷물은 다 어디로 갔지?"

"에이, 할머니는 그것도 몰라요? 그러니까 비가 오잖아요."

"아, 그렇구나."

어린이 프로그램 제작자인 앤 우드 할머니는 오늘도 온종일 놀이터에서 동네 아이들과 함께 이야기도 나누고 시소도 타면서 시간을 보냈다.

"벌써 시간이 이렇게 되었네. 애들아, 오늘은 이만 놀고 내일 또 놀자 꾸나."

"와, 신난다. 할머니 그럼 내일 또 만나요."

"그래, 조심히 잘 들어가렴."

"예!"

앤 우드 할머니는 아이들의 모습이 보이지 않을 때까지 지켜보면서 손을 흔들었다.

그러던 어느 날, 할머니에게 전화 한 통이 걸려왔다.

"앤 우드 할머니 되시죠? 여기는 BBC 방송국인데요. 4세 미만 유아를 위한 프로그램을 만들려고 하는데, 할머니께서 직접 제작하실 수 있으신가요?"

"물론이죠. 열심히 한번 만들어보겠습니다."

할머니는 곧바로 작품 구상에 들어갔다.

'주인공을 누구로 할까? 또 이름은 뭐라고 짓지?'

몇 날 며칠 동안 고민을 한 끝에 마침내 주인공의 캐릭터와 이름이 완성되었다. 총 4명의 주인공으로, 그 이름은 보라돌이, 뚜비, 나나, 뽀로 정했다. 또 프로그램 제목은 〈텔레토비〉로 정했으며, 주인공들이 뛰어놀 수 있는 텔레토비 동산을 세트로 만들기로 했다.

'아이들은 원색을 좋아해. 그리고 단순한 동작을 반복하는 걸 무척

즐거워하지.'

　이렇듯 할머니는 모든 것을 아이들의 눈높이에 철저히 맞췄다. 그렇게 해서 일 년 후 마침내 완성된 테이프를 들고 방송국을 찾아갔다.

　"자, 이것 보세요. 제가 제작한 〈텔레토비〉라는 프로그램입니다."

　하지만 방송 관계자들의 반응은 냉담하기 그지없었다.

　"이렇게 단순하고 유치한 걸 도대체 누가 봅니까? 우선 색깔이 너무 원색이잖아요."

　"그렇지 않아요. 제 이야기를 좀 들어보세요."

　할머니는 자신의 교사 시절의 경험을 강조하며 방송 관계자들을 설득하기 시작했다.

　"아이들은 어른처럼 절대 복잡하지 않아요. 그 때문에 단순하고 쉬워야 해요. 또 눈을 즐겁게 하려면 원색이 꼭 필요해요. 어른들이 보기에는 유치하겠지만, 반복적인 말과 행동이 분명 아이들의 마음을 사로잡을 거예요."

　할머니의 말에 설득당한 방송 관계자들은 불안한 마음으로 첫 방송을 내보냈다. 그런데 예상치 못한 반응이 여기저기서 쏟아졌다.

　"우리 아이가 너무 재밌어해요."

　"주말에는 안 하나요? 재방송은 언제 하죠?"

　그렇게 해서 〈텔레토비〉는 영국 전역에 화제를 몰고 왔다. 또한, 첫 방송 후 2년 만에 전 세계 80여 개국에 수출되어 21개 나라 언어로 방송되는 등 국제적인 프로그램으로 자리매김하면서 전 세계 어린이들로부터 많은 사랑을 받았다. 그리고 제작을 담당했던 앤 우드는 그 공로를 인정받아 영국 최고의 기업인상은 물론 영국 문화를 전 세계에 보급한 공로를 인정받아 여왕으로부터 기사 작위를 받기도 했다.

훗날 기억될 아름다운 추억이 있는가?

비록 시간은 흘러 다시 돌아오지 않지만,
추억만은 남아 절대 떠나지 않는다.
_ 생트 뵈브

첫 직장, 첫 친구, 첫 학교, 첫 사랑… 어떤 단어에 '첫'이라는 단어가 들어가면 왠지 그 느낌이 매우 색다르고 특별해 보인다. 그 안에 설렘과 떨림, 한없는 행복이 숨 쉬고 있기 때문이다. 그래서일까. 많은 이들이 세상일에 지치고 힘들 때면 가슴 깊은 곳에 숨겨둔 처음에 관한 기억을 꺼내곤 한다.

'그때 내가 왜 그랬을까? 좀 더 잘할 걸.'

'아, 그때가 그립다. 다시 한 번 그때로 돌아갔으면…'

때로는 후회스럽기도 하고, 어수룩했던 모습에 웃음이 나기도 하지만, 그 시절이 있었기에 지금의 우리가 있는 것이다.

훗날 기억될 아름답고 좋은 '첫 추억'을 많이 만들자. 힘들 때 되돌아보며 힘과 용기를 얻을 수 있는 추억일수록 아름다운 법이다.

또한, 외모가 중요한 시대다. 그러다 보니 때로는 실력보다도 외모로 모든 것이 결정되곤 한다. 이에 소개팅이나 면접에서도 그 사람의 마음을 읽으려고 하기보다는 보이는 것만으로 그 사람을 판단하곤 한다. 하지만 이는 매우 잘못된 것이다. 물론 외모가 출중하면 좋기야 하겠지만, 모두가 미남 미녀가 될 수는 없기 때문이다.

외모가 조금 부족하면 그것을 덮을 수 있는 또 다른 능력을 발휘하면 된다. 어쩌면 그것이 오히려 더 많은 능력을 발견하고 발휘할 좋은 기회일 수도 있다.

아무리 잘 생긴 사람이라도 하는 행동이 수준 이하면 그 얼굴 역시 밉상으로 보이게 마련이다. 결국, 중요한 건 외모가 아닌 그 사람의 됨됨이와 진심이다.

아름다운 추억일수록 어려울 때 힘이 된다

〈기도하는 손〉의 작가 _ 알브레히트 뒤러

그림이 곧 인생이고 전부라고 믿는 한 청년이 있었다. 그는 아침에 눈을 떴을 때부터 눈을 감는 순간, 심지어 꿈속에서조차도 오직 그림만을 생각했다. 하지만 마음속 꿈과 열정만으로는 결코 원하는 미술가가 될 수 없었다. 가난의 벽, 현실의 벽이 너무 높았기 때문이다.

그는 집이 너무도 가난해서 미술도구를 살 돈조차 없었기에 나무막대로 땅바닥에 그림을 그려야만 했다. 그러던 어느 날, 자신처럼 그림을 좋아하는 한 친구를 만났다. 그러나 그 친구 역시 사정이 여의치 않았다.

"우리 앞으로 어떻게 하지?"

"그러게 말이야. 그림은 그리고 싶은데 형편은 안 되고. 둘 중 한 명이라도 형편이 좋으면 도움을 받을 수 있을 텐데. 둘 다 이 모양이니 원."

두 사람은 서로를 쳐다보며 한숨을 내쉬었다. 딱히 뾰족한 수가 떠오르지 않았다. 그러던 중 한 사람이 이렇게 해보는 건 어떨까? 라며 한 가지 제안을 했다.

"두 사람 모두 그림 공부를 할 수 없으니, 한 사람씩 차례대로 하는 건 어떨까. 일단, 한 사람이 그림 공부를 할 수 있도록 다른 한 사람이 돈을 벌어서 뒷바라지를 해주는 거야. 그리고 나중에 이를 바꿔서 하는 거지. 어때?"

"그것참 좋은 생각이다."

"그러면 누구부터 그림 공부를 하지?"

"너부터 해. 넌 나보다 실력이 훨씬 더 뛰어나니까 빨리 성공할 수 있을 거야."

"그래, 알았어. 그럼, 잘 부탁한다."

그렇게 해서 한 친구는 식당 주방에 취직했고, 한 친구는 그 친구의 뒷바라지를 받으며 그림 공부를 시작했다. 그렇게 몇 년이 흘렀다.

그림 공부를 하던 친구는 개인전을 열었을 뿐만 아니라 화단으로부터 그 능력을 인정받기 시작했다. 어느 날 그는 그림을 판 돈을 손에 쥐고 기쁜 마음으로 친구가 일하는 식당으로 달려갔다.

'네 덕분에 내가 이렇게 성공할 수 있었어. 이제 내가 너를 도울 차례야.'

그는 발걸음을 재촉하며 친구가 일하는 식당에 들어섰다. 그런데 어디에서도 친구의 모습이 보이지 않았다. 두리번거리던 그에게 식당 주인이 말했다.

"어, 자네 왔는가. 자네 친구는 저쪽 방에 있네."

식당 주인은 가게 안쪽에 있는 작은 방을 가리켰다. 그는 그곳으로 다가갔다. 문틈 사이로 친구의 모습이 들어왔다. 친구는 무릎을 꿇고 앉아 두 손을 모은 채 기도하고 있었다.

"감사합니다, 하느님. 제 친구가 멋진 화가가 되었습니다. 그런데 저 때문에 그 일을 멈추려고 합니다. 그렇게 되지 않도록 도와주십시오. 저는 이미 심한 노동으로 인해 손이 망가질 대로 망가지고 말았습니다. 저는 이제 더는 그림을 그릴 수 없습니다. 그러니 제가 못다 한 능력까지 모두 제 친구에게 주십시오."

친구의 모습을 지켜보던 그는 입을 다물 수 없었다. 그리고 조용히 눈물을 흘렸다.

'미안해. 난 네가 그런 어려움을 겪고 있는 줄 미처 몰랐어. 정말 미안해. 나 때문에 미술을 포기하다니.'

그는 그 자리에 앉아서 소리죽여 울었다. 차마 친구의 얼굴을 볼 수 없었다. 너무나 가슴이 아프고 미안했기 때문이다.

잠시 후 그는 문을 열고 안으로 들어갔다. 친구는 갑작스러운 그의 방문에 깜짝 놀란 표정을 지었다.

"아니, 자네가 이 시간에 여긴 웬일인가?"

"자네가 기도하는 걸 다 들었네. 도대체 이게 어찌 된 일인가? 다시는 그림을 그릴 수 없게 되었다는 게 사실인가?"

그러자 친구는 거친 손을 내밀며 덤덤하게 말했다.

"원래부터 이 손은 그림을 그리는 손이 아니었나 보네."

"그게 무슨 소리야? 자네 솜씨는 나보다 훨씬 더 훌륭해."

"아닐세. 자네가 한 수 위지. 또 자네랑 나랑 경쟁하면 되겠나? 자네가 이렇게 훌륭하게 된 것만으로도 나는 정말 기쁘다네. 내가 열심히 일한 보람이 있었어."

그는 울먹이며 친구를 껴안았다.

"고맙네, 고마워. 정말 고마워."

그날 밤, 그는 감동적인 그 순간을 그림으로 남기고 싶었다. 이에 기도하는 친구의 모습과 친구의 거친 손을 화폭에 담았다. 그 그림이 바로 세계적인 명화 알브레히트 뒤러의 〈기도하는 손〉이다.

Question 01 바쁘다는 핑계로 몸을 혹사하고 있지는 않은가?

하루하루 아픔 없이 산다는 게 얼마나 행복한 일인지 모른다. 다른 것은 다 대신해줄 수 있지만, 건강만큼은 누구도 대신해줄 수 없기 때문이다. 건강한 몸이야말로 활력 넘치는 삶의 최고 비결이자 행복임을 절대 잊어서는 안 된다.

Question 02 행복과 행운 중 무엇이 더 소중한가?

행운은 절대 공짜로 얻어지는 것이 아니다. 그것은 간절히 바라고 노력하는 사람에게만 찾아오는 특별한 선물과도 같다. 또한 행운은 행복이 모여서 만드는 것이다. 그 때문에 마냥 행운을 기다리기보다는 행복한 삶을 살기 위해서 노력해야 한다.

Question 03 돈과 우정, 사랑 중 무엇이 가장 소중한가?

돈보다 더 중요한 가치를 찾아야 한다. 그것이 일이 되었든, 사람이 되었든. 그리고 그것을 찾았다면 평생 그것을 지키면서 살아야 한다. 그것이야말로 삶을 제대로 사는 것이며, 올바르게 사는 최고의 비결이다.

Question 04 얼마만큼 인내할 수 있는가?

우리는 헤아릴 수도 없는 수많은 기다림 속에서 울고, 웃으며, 성장하고, 좌절하며, 조금씩 인생을 배워간다. 그러나 조금만 달리 생각하면 기다림만큼 행복한 일도 없다. 설렘을 동반하기 때문이다. 거기에 믿음 하나만 더 얹는다면 그 기다림은 절대 헛되지 않을 것이다.

Question 05 감동을 선물한 적이 있는가?

감동이 담긴 선물 앞에서 무너지지 않을 사람은 결코 없다. 선물을 받는 것만으로도 충분히 행복한데, 그 안에 상상할 수 없을 만큼의 감동까지 담겨 있다면, 아무리 차갑고 냉정한 사람이라도 크게 감동할 것이 틀림없다. 그 결과, 서로 간의 마음의 거리는 더욱 좁혀지고, 세상은 더욱 행복하고 아름다워질 것이다.

Question 06 책임을 회피하고 있지는 않은가?

실수나 잘못은 누구나 할 수 있다. 하지만 그에 대한 책임을 지려면 적지 않은 용기와 결단이 필요하다. 잘못이나 실수를 피하지 않고 거기에 상응하는 책임을 질 줄 아는 사람이 되어야 한다. 진심만이 얼어붙은 사람의 마음을 움직일 수 있기 때문이다.

Question 07 트렌드를 읽을 수 있는가?

빠르게 변해가는 세상에 뒤처지지 않으려면 미래를 읽을 수 있는 예리한 눈을 길러야만 한다. 세상의 흐름에 따라 시시각각 변하는 시대의 코드, 즉 트렌드를 읽을 줄 알아야 하기 때문이다. 시대를 읽어야만 시대를 앞서갈 수 있으며 미래를 예측할 수 있다.

Question 08 훗날 기억될 아름다운 추억이 있는가?

훗날 기억될 아름답고 좋은 '첫 추억'을 많이 만들자. 힘들 때 되돌아보며 힘과 용기를 얻을 수 있는 추억일수록 아름다운 법이다. 때로는 후회스럽기도 하고, 어수룩했던 모습에 웃음이 나기도 하지만, 그 시절이 있었기에 지금의 우리가 있는 것이다.

삶을 길고 멀리 보라

꿈꾸는 만큼 발전하고, 생각하는 만큼 이루어진다

"꿈꾸는 만큼 이룰 수 있다." 라는 말이 있다. 비슷한 말로 "꿈의 크기가 곧 인생의 크기이다." 라는 말도 있다. 어쩌면 우리에게 있어 꿈은 인생 전부일 수도 있다. 꿈이 곧 미래이자 인생이기 때문이다.

꿈이 없는 사람은 설렘이 없다. 어제가 오늘 같고, 내일도 오늘과 똑같아서 별다른 기대와 희망이 없기 때문이다. 그러다 보니 그저 숨만 쉬고 있을 뿐, 가슴 뛰는 삶과는 거리가 멀다. 그러나 꿈이 있는 사람은 다르다. 그들의 삶은 아침에 눈을 뜨는 순간부터 설렘과 희망으로 가득 차 있다. 오늘 할 일이 머릿속에 저절로 그려지며, 활기차고 의욕적으로 일을 시작하게 된다. 꼭 해야 할 목표가 있고, 그 일을 해야 하는 분명한 이유가 있기 때문이다.

《백만 불짜리 습관》이라는 책으로 유명한 '성공학의 대가' 브라이언 트레이시는 무일푼에서 백만장자가 된 사람이다. 그가 성공을 거머쥘 수 있었던 요인은 바로 뚜렷한 꿈과 목표가 있었기 때문이다.

그는 가난한 환경 탓에 고등학교도 제대로 나오지 못했다. 이에 어린 시절부터 접시닦이, 경비원, 청소부, 화물선 선원 등 온갖 궂은일을 해야만 했다. 그러다가 우연히 세일즈맨이 되었고, 어느 날 '이렇게 살아서는 안 되겠다.' 라는 생각에 종이 한 장에 꿈과 목표를 적기 시작했다. 그리고 그것이 그의 삶을 바꾸는 결정적인 계기가 되었다.

한 달 매출 1,000달러를 달성자!

목표를 정하고 나니 마음가짐과 태도 역시 달라졌다. 이에 더욱더 적극적인 자세로 고객을 만났고, 자기 일에 더 많은 애착을 가졌다. 그러자 몇 달 후 기적과도 같은 일이 일어났다. 자신이 정한 목표를 달성한 것이다. 깜짝 놀란 그는 또 다른 목표를 정했다. 대학에 입학하는 것과 백만장자가 되는 것이었다. 과연, 어떻게 되었을까.

놀랍게도 그는 두 가지 꿈을 모두 이루었다. 콜롬비아 퍼시픽 대학에서 경영학 석사 학위를 취득했을 뿐만 아니라 〈브라이언 트레이시 인터내셔널〉이라는 인적자원 회사를 설립해 백만장자가 된 것이다. 이렇듯 꿈은 강력한 동기를 유발할 뿐만 아니라 열정을 불타오르게 하고, 잠재력을 일깨워 무슨 일이든 가능하게 만든다. 이것이 바로 꿈의 힘이다.

포기하지 않는 이상 실패란 없다

누구에게나 꼭 이루고 싶은 꿈이 있다. 좋은 대학에 가고 싶은 사람도 있을 것이고, 좋아하는 분야에서 최고가 되고 싶은 사람도 있을 것이며, 사랑하는 사람과 행복한 가정을 이루고 싶은 사람도 있을 것이다.

꿈이 있다는 것만으로도 이미 그것의 반은 이룬 셈이다. 꿈이 우리를 이끌어주기 때문이다. 그렇다면 나머지 반은 어떻게 해야 이뤄낼 수 있을까.

다음 두 가지를 당부하고 싶다.

첫째, 절대 꿈을 빼앗기거나 포기해서는 안 된다.

꿈을 향해 달리다 보면 뜻하지 않은 위기가 찾아올 수도 있다. 특히 어떤 때는 극심한 모멸감과 패배감을 맛보기도 할 것이다. 하지만 그렇다고 해서 절대 꿈을 포기해선 안 된다. 많이 넘어진 사람만이 쉽게 일어나는 법을 배울 수 있듯, 위기는 나를 무너뜨리기 위한 것이 아니라 오히려 더 강한 나를 만들기 위한 기회임을 명심해야 한다.

애플의 전 CEO이자 '혁신의 대가'로 유명한 스티브 잡스 역시 수많은 위기의 순간을 겪었다. 그는 처음부터 본인의 능력에 대한 자부심으로 가득했지만, 안타깝게도 그 누구도 그의 능력을 인정해주지 않았다. 심지어 모 회사의 인사담당자로부터 모욕적인 말도 들어야만 했다. 그런데도 그는 끝까지 꿈을 포기하지 않았다. 오히려 더 좋은 기회를 위한 발판으로 삼았다. '그래, 누구도 나를 인정해주지 않는다면 내가 나를 인정하면 돼. 내 회사를 만드는 거야.'

그렇게 해서 그는 수많은 시행착오 끝에 애플을 창업했고, 마침내 누구나 인정하는 세계 최고 기업의 CEO가 되었다.

우리 스스로 꿈을 포기하지 않는 한 누구도 우리 꿈을 짓밟거나 빼앗을 수 없다. 이 세상에서 가장 강한 것이 바로 꿈이기 때문이다. 그러므로 아무리 세상과 세상 사람들이 우리 꿈을 비웃고 포기하라고 강요한다고 해도 절대 그것을 포기해서는 안 된다. 오히려 강한 오기와 욕망으로 한 차원 더 높게 도전해야 한다.

둘째, 한계를 극복해야만 한다.

꿈을 향해 달리다 보면 분명 한계를 느낄 때가 있다. 어쩌면 그 순간, 머릿속에 다음과 같은 생각이 떠오를지도 모른다.

'더 이상은 안 되겠어. 내 능력은 여기까지야.'

'괜히, 허튼짓을 했어. 처음부터 불가능한 일이었는데.'

이런 생각들은 앞길을 가로막을 뿐, 인생에 전혀 도움이 되지 않는다. 스스로 한계를 정하지 않는 한 우리에게 한계란 없기 때문이다. 누구나 무한한 잠재 능력을 갖추고 있다. 그런 점에서 볼 때 한계는 우리의 길을 가로막는 장벽이 아니라 뛰어넘어야 할 장애물에 불과하다.

나는 현재 작가로서의 삶을 살고 있지만, 처음부터 글을 쓴 것은 아니다. 첫 직장은 광고회사였는데, 거기서 카피를 썼다.

사실 카피라이터로 산다는 게 그리 쉬운 일은 아니었다. 매일 신선하고 기발한 아이디어를 쏟아내야 하고 헤아릴 수 없을 만큼 많은 카피를 써야 했기 때문이다. 그렇게 해서 쓴 카피 중 일부는 TV나 신문에 소개된 것도 있지만, 대부분은 휴지통으로 직행했다.

그러다 보니 늘 새로운 아이디어를 내야 한다는 압박감과 튀고 감동적인 카피를 써야 한다는 부담감으로 인해 심한 스트레스를 받았다. 이에 반복적인 일과 속에서 점점 한계를 느꼈고 서서히 지쳐갔다.

그러던 어느 날, TV에서 향유고래가 나오는 다큐멘터리를 보게 되었다. 이를 통해 향유고래가 수심 3,000m까지 내려간다는 사실을 처음 알게 되었다. 엄청난 수압으로 인해 생명의 위협을 느낄 텐데도 향유고래는 끝까지 숨을 참고 버티면서 스스로 한계를 극복해냈다. 이에 그 집념과 인내에 감동하여《향유고래 이야기》라는 책을 출간하기도 했다. 그 책을 집필하면서 나 역시 한계를 극복할 수 있었다.

그 책에 나오는 내용 중 인상 깊은 내용이 있어 몇 가지 소개하고자 한다.

"그래, 넌 시작을 향해 가는 거야. 끝을 향해 간다고 생각하면 안 돼. 한계를 끝이라고 생각하면 그 끝에 닿는 순간, 자기 자신에 대한 믿음이 깨지고 곧 절망감이 찾아올 거야. 그러나 끝이 아닌, 자기가 만난 한계가 시작이라고 생각한다면 절망도 희망이 되지. 너는 지금 희망을 보러 가는 거야."

"벤, 넌 지금 한계를 만났어. 점점 한계의 끝을 향해 달려가고 있어. 한계에 접어들었다면 반드시 한계의 끝을 만나야 해. 한계의 끝을 봤다는 건 정말로 최선을 다했다는 거야. 그러나 대부분의 사람은 멀리서 한계의 머리만 보고도 지레 겁을 먹고 포기해버려. 그럼, 그건 최선을 다하지 않았다는 거야. 오직 한계의 끝을 만난 사람만이 최선을 다했다고 말할 수 있어."

"일출과 일몰, 두 장의 사진을 얼핏 보면 어떤 것이 일출 사진인지 일몰 사진인지 구별이 되지 않아. 둘 다 일몰 사진이라고 해도 곧이곧대로 믿지. 어떤 시점에서 보느냐에 따라 다를 뿐, 일출이건, 일몰이건 똑같은 태양이기 때문이야. 한계도 마찬가지야. 그것을 일몰이라고 보면 일몰이고, 일출이라고 보면 일출이 되는 것이지."

간절히 원하고, 천천히 다가가라

꿈이 있고, 목표가 있으며, 의지가 있는 사람에게 한계란 없다.

두려움 없이 앞만 보고 가야 한다. 힘들면 잠시 쉬었다 가도 좋다. 그러나 힘겨운 나머지 그것을 포기하고 주저앉으면 안 된다. 그렇다고 해서 너무 조급하게 생각할 필요는 없다. 삶을 길고 멀리 바라볼 줄 알아야 한다.

한 사람이 정상의 자리에 오르기까지는 대략 10년 정도 걸린다고 한다. 여기서 말하는 10년이란 시간은 단순히 흘려보내는 시간이 아니라 그 목표를 이루기 위해서 끊임없이 자기를 갈고닦고 노력하는 시간을 의미한다. 예컨대, 박지성 선수나 김연아 선수는 하루아침에 그 자리에 선 게 절대 아니다. 오랜 시간 간절히 원하고 그것을 향해 한 걸음 한 걸음 끊임없이 내디뎠기에 가능했다.

꿈에 대해서 다시 한 번 생각하고 그 꿈을 이루기 위해서 지금 할 수 있는 일이 무엇인지 다시 한 번 진지하게 생각해보는 시간을 가졌으면 한다. 그렇게만 해준다면 이 책을 쓴 보람 역시 어느 정도 찾을 수 있을 것이다.

가슴 속에 꿈을 간직한 사람은 언젠가는 그 꿈을 닮아가게 마련이다.

여러분, 모두의 건투를 빈다.

성공한 사람들의 이야기가 큰 감동과 가르침을 주는 건 사실이다. 하지만 그건 어디까지나 그 사람들의 이야기일 뿐, 그들과 다른 삶을 살아가야 할 내 이야기는 아니다. 즉, 참고는 될지언정 절대적인 가치는 될 수 없는 것이다. 누가 뭐라고 해도 내 인생의 주인공은 나다. 따라서 자기 자신에게 신념과 용기, 믿음과 사랑을 자신에게 끊임없이 전달해야 한다. 자기 자신을 믿지 못하고 사랑하지 않는데, 어찌 다른 사람에게 신뢰받고 사랑받기를 기대할 수 있겠는가.

- 〈다른 이의 삶을 무작정 좇고 있지는 않은가?〉 중에서

← Go This Way

나는 천천히 가는 사람입니다

초판 1쇄 인쇄 2017년 3월 2일
초판 1쇄 발행 2017년 3월 9일

지은이 김이율
발행인 임채성
디자인 산타클로스

펴낸곳 도서출판 루이앤휴잇
주　소 서울시 양천구 목동 923-14 드림타워 제10층 1010호
전　화 070-4121-6304　　　　**팩　스** 02)332-6306
메　일 pacemaker386@gmail.com
블로그 http://blog.naver.com/asra21
포스트 http://post.naver.com/my.nhn?memberNo=6626924
출판등록 2011년 8월 30일(신고번호 제313-2011-244호)

종이책 ISBN 979-11-86273-27-2　　13320
전자책 ISBN 979-11-86273-28-9　　15320